John Edwards
Die spanische Inquisition

John Edwards
Die spanische Inquisition

Aus dem Englischen
von Harald Ehrhardt

Artemis & Winkler

Titel der englischen Originalausgabe: The Spanish Inquisition, Tempus Publishing Ltd, The Mill, Brimscombe Port Stroud, Gloucestershire GL5 2QG
© John Edwards, 1999

Bibliografische Information Der Deutschen Bibliothek
Die Deutsche Bibliothek verzeichnet diese Publikation in der Deutschen Nationalbibliografie; detaillierte bibliografische Daten sind im Internet unter http://dnb.ddb.de abrufbar.

© der deutschen Übersetzung 2003 Patmos Verlag GmbH & Co. KG
Artemis & Winkler Verlag, Düsseldorf und Zürich
Alle Rechte vorbehalten.
Satz: KompetenzCenter, Mönchengladbach
Druck und Verarbeitung: Clausen & Bosse, Leck
ISBN 3-538-07153-5
www.patmos.de

INHALT

  7   Danksagung des Autors

 10   Einleitung

 13   *Erstes Kapitel*
       Am Vorabend der Inquisition

 26   *Zweites Kapitel*
       Die mittelalterliche Inquisition

 46   *Drittes Kapitel*
       Juden und Conversos in Spanien

 67   *Viertes Kapitel*
       Die neue spanische Inquisition

 85   *Fünftes Kapitel*
       Die Inquisition gegen die Conversos

104   *Sechstes Kapitel*
       Triumph und Erneuerung der Inquisition

128   *Siebtes Kapitel*
       Die Inquisition außerhalb Spaniens

144 *Achtes Kapitel*
Konsolidierung und Krise

163 *Neuntes Kapitel*
Der Fall der Inquisition

180 *Zehntes Kapitel*
Die Inquisition heute: Mythos und Wirklichkeit

189 *Anhang*
189 Literaturverzeichnis
197 Register der Personen, Orte und Werke
204 Editorischer Vermerk

DANKSAGUNG DES AUTORS

Viele Einzelpersonen und Gruppen haben zur Entstehung dieses Buches beigetragen. Hierzu gehören viele akademische Kollegen in England, Spanien, Israel, Frankreich, den Vereinigten Staaten und in anderen Ländern; ihre Zahl ist so groß, dass ihre Namen an dieser Stelle nicht im Einzelnen genannt werden können. Sie dürften gewiss nicht mit allem und jedem einverstanden sein, was in diesem Buch geschrieben wurde, aber sie haben alle auf die eine oder andere Weise zur Vollendung der Arbeit beigetragen. Das Buch ist mit Dankbarkeit den Studenten und Mitarbeitern gewidmet, mit denen ich über zwanzig Jahre lang an der Universität Birmingham zusammengearbeitet habe, und insbesondere denjenigen, die an meinen Vorlesungen über jüdische Geschichte zwischen dem Ersten Kreuzzug und der Gegenreformation, über christliche Häresien und den Beginn der Inquisition teilgenommen haben. Auch bin ich dankbar für die kenntnisreiche Unterstützung der Mitarbeiter und der Studierenden am früheren Centre for the Study of Judaism and Jewish-Christian Relations sowie des glücklicherweise noch bestehenden Centre for the Study of Islam an den Selly Oak Colleges in Birmingham. Das gilt auch für den ehemaligen und jetzigen Mitarbeiterstab und die Mitglieder des nationalen und internationalen Christlich-Jüdischen Rates. Weiterhin danke ich für das Verständnis und die (überwiegend konstruktiven) Kritiken all derer, mit denen ich über viele Jahre in der All Saints' Church, King's Heath, und in S. Alban und S. Patrick, Highgate, Birmingham, an den Gottesdiensten teilgenommen habe, und ich danke auch dem ökumenischen Pfarramt von St. Francis' Hall an der Universität Birmingham. Besonders verpflichtet fühle ich mich der Stadt Córdoba und der einzigartigen Inspiration, die von ihrer reichen – wenn auch bisweilen gewaltsamen – Geschichte der Beziehungen zwischen Christen, Juden und Muslimen ausgeht.

Dem Verleger Jonathan Reeve danke ich für sein Engagement und seine stete Ermunterung beim Entstehen des Buches sowie Kate Adams für die produktionstechnische Betreuung der englischen Originalausgabe. Einige Abbildungen hat hierfür meine Frau Vivien beigesteuert. Danken möchte ich Elena de Santiago, Leiterin der Graphischen Sammlung an der Spanischen Nationalbibliothek Madrid, für ihre Hilfe, ebenso der Direktorin des Sephardischen Museums in Toledo, Ana María López Álvarez, und ihrem Mitarbeiterstab. Aufrichtiger Dank gebührt zudem den Herren Eloy Benito Ruano und José Manuel Andrade vom Ständigen Sekretariat der Königlichen Historischen Akademie in Madrid sowie dem Museum El Prado und der Königlichen Akademie der Schönen Künste San Fernando, beide in Madrid. Ich danke allen diesen Institutionen für ihre Hilfsbereitschaft. Schließlich danke ich dem George Bell Institute am Queen's College in Birmingham und insbesondere seinem Direktor Andrew Chandler für einen Zuschuss zu den Druckkosten der englischen Originalausgabe.

John Edwards

Karte der Inquisitionstribunale. Die der Krone Aragón unterstehenden Gerichtshöfe sind kursiv angegeben, die der Krone Kastilien unterstehenden in Normalschrift.

EINLEITUNG

Im Juli 1986 kam eine größere Gruppe von Juden, Christen, Muslimen und Drusen in Spanien zu einer Konferenz zusammen, die unter der Schirmherrschaft des Internationalen Rates der Christen und Juden stand. Ein Gutteil der Sitzungen fanden in der Bischöflichen Universität von Salamanca statt, und da es sich um einen katholischen Studienort handelte, waren an den Wänden aller Hörsäle Kruzifixe angebracht. Während die Konferenz meist aus Diskussionen und Einzelgesprächen bestand, wurden getrennte Gottesdienste für die verschiedenen Glaubensgemeinschaften arrangiert, auch waren gemeinsame Gebete geplant. Einige jüdische Delegierte weigerten sich, im Angesicht des gekreuzigten Jesus zu beten und betonten, dies fiele ihnen gerade in Spanien besonders schwer. Die Universitätsverwaltung sah sich nicht in der Lage, die Kruzifixe zu entfernen, denn sie waren fest in die Wände eingelassen, und so fanden die gemeinsamen Gebetsstunden wie geplant statt.

Man könnte sagen, dass dieser symbolträchtige Zwischenfall symptomatisch ist für die Einstellungen und Emotionen vergangener Jahrhunderte, aber offenkundig gewinnen sie immer wieder an Relevanz bei den oft angespannten Beziehungen zwischen Juden, Christen und Muslimen in Spanien – namentlich jüdische Befürchtungen und katholische Unbeweglichkeit, und letztere war in der Vergangenheit eine durchaus reale Erscheinung. Der Rat der Christen und Juden nahm in seiner jetzigen Form im Jahre 1942 seine Arbeit auf, als – zumindest bei einigen – zur Gewissheit wurde, dass die Politik Hitlers nicht allein darauf abzielte, die Juden zu deportieren, sondern vielmehr, sie in ihrer Gesamtheit physisch zu vernichten und damit auch ihre Religion auszulöschen. Von Großbritannien aus verbreitete sich die Organisation über die ganze Welt und hat jetzt ihren Hauptsitz in Heppenheim in Deutschland. Seit 1945 haben verschiedene Zweige der christlichen Kirche den Versuch unternommen herauszufinden, welche Umstände in ihrer eigenen Geschichte zur Verachtung der Juden und des Judentums geführt haben. In diesem Klima, das immer noch zu wenig Einfluss auf das tägliche Leben christlicher Gemeinden hat – auch wenn säkulare Gruppen inzwischen bereit sind, den Antisemitismus als ungeheuren Angriff auf die universellen Menschenrechte zu werten –, hielt man es nicht immer für wünschenswert, all die Grausamkeiten zu betonen, denen Juden, Muslime und andere in der Vergangenheit ausgesetzt waren. Die Inquisition, in Spanien und anderswo, macht die Konfrontation mit dieser Vergangenheit unausweichlich.

Nicht jede Seite, geschweige denn jedes Kapitel des nun folgenden Textes wird die spanische Inquisition und ihre Taten anprangern. Bereits das anhaltende Bedürfnis in Spanien – und nicht nur dort –, sich mit der sogenannten »Schwarzen Legende« (*Leyenda negra*) auseinanderzusetzen, zeigt, dass die Grausamkeiten der Inquisition nicht vergessen sind und von den meisten verurteilt werden. Dennoch wäre es unbillig, die damals handelnden Personen allein nach den Kriterien des ausgehenden 20. Jahrhunderts beurteilen zu wollen, eines Jahrhunderts zumal, das neue Maßstäbe menschlicher Niedertracht und Heuchelei gesetzt hat. Es geht deshalb im Folgenden darum, die Tribunale der spanischen Inquisition in ihrem eigenen historischen Kontext zu behandeln, einschließlich der religiösen Voraussetzungen, auf denen sie ihre Aktivitäten gründeten. Obwohl die spanische Inquisiton im Mittelpunkt steht, wird die Behandlung des spanischen »Heiligen Offiziums« auch die Verbindungen des Tribunals zu Portugal und zu anderen Teilen Europas berücksichtigen sowie zu einigen Außenposten der spanischen und portugiesischen Kolonialreiche. Jeder Inquisitor war davon überzeugt, allein an einem glücklichen Ausgang für diejenigen interessiert zu sein, die er verhörte, selbst wenn die Gewalt, mit der er dieses Ziel verfolgte, seine Überzeugung in vielen Fällen als höchst zweifelhaft erscheinen lässt. Es wäre schon ein Erfolg, wenn im zweiten Jahrtausend nach der Geburt Christi ein Gleichgewicht hergestellt werden könnte zwischen tiefer Überzeugung von einer Aufrechterhaltung guten menschlichen Verhaltens und der Toleranz derjenigen, welche dieses Ziel mit anderen Mitteln zu erreichen trachten.

ERSTES KAPITEL
Am Vorabend der Inquisition

> Einen ketzerischen Menschen meide, wenn er einmal und abermals ermahnt ist. TITUS 3,10
>
> Wer nicht in mir bleibt, der wird weggeworfen wie eine Rebe und verdorrt, und man sammelt sie und wirft sie ins Feuer, und sie müssen brennen. JOHANNES 15,6

Rechtgläubige und Häretiker

»Häresie« wird meist als ein rein christliches Konzept verstanden. In den jüdischen Texten, die der Schriftensammlung des »Neuen Testaments« vorausgehen, findet sich der Begriff nicht. Obwohl die biblischen Berichte nahelegen, dass religiöse Abweichungen regelmäßig von jüdischen Priestern und Propheten verdammt und bestraft wurden, so lässt sich doch eine bedeutende Vielfalt religiöser Auffassungen unter den Juden zur Zeit Christi und Pauli nachweisen. Die ursprüngliche griechische Bedeutung des Wortes »Häresie« in vorchristlicher Zeit lautete »Wahl« oder eine »gewählte Sache«; es wurde gewöhnlich auf die Anhängerschaft einer bestimmten philosophischen Schule angewendet. Im neutestamentlichen Brief an Titus, der traditionell, auch im gesamten Mittelalter, dem Apostel Paulus zugeschrieben wurde, hat das Wort *hairetikos* seinen einzigen Auftritt im biblischen Umfeld. Es kann »parteiischer Mensch«, aber auch »Sektierer« bedeuten. Das abgeleitete Nomen *hairesis* wird dagegen an einigen Stellen im Neuen Testament zur Bezeichnung einer religiösen Partei, etwa der Sadduzäer oder Pharisäer im Tempel zu Jerusalem (Apg. 5,17 und 15,5), verwendet, meint aber auch die »Sekte« der frühen Christen selbst (Apg. 24,5). Sowohl in der Apostelgeschichte, die man traditionell dem Evangelisten Lukas zuschreibt, wie auch in Paulus' erstem Brief an die Korinther wird Häresie mit Parteien und dissidenten Gruppen verbunden (1 Kor. 11,19), und zwar in dem Sinne, dass falsche Lehren zu Spaltungen in der entstehenden christlichen Kirche führen. Noch hatte das Wort nicht die mittelalterliche und spätere Bedeutung eines theologischen Irrtums angenommen, sollte aber bald so verstanden werden. Der Märtyrerbischof von Antiochia, Ignatius (ca. 35–107), benutzte das Wort bereits in dieser Weise, etwa in seinem Brief an die Epheser (6,2). Dieser Text aus dem frühen 2. Jahrhundert, der ab dem Jahre 400 in den Canon der neutestamentlichen Schriften als der »Zweite Brief Petri« aufgenommen wurde, behandelt das Konzept der Häresie bereits mit Kategorien, wie sie im Mittelalter und in der nachmittelalterlichen Zeit durchaus geläufig werden sollten. »Es waren aber auch falsche Propheten unter dem Volk, wie auch unter euch sein werden falsche Lehrer, die verderbliche Irrlehren einführen und verleugnen den Herrn ...« (2 Petr. 2,1).

In den ersten Jahrhunderten der christlichen Kirchengeschichte, vor der Spaltung zwischen Katholiken und Orthodoxen, spielte die Furcht vor der Häresie im Sinne einer spaltenden und destruktiven Lehre, sowie die Abwehr häretischer Bestrebungen eine fundamentale Rolle für die Herausbildung der Rechtgläubigkeit. Zur Zeit des Dritten Konzils von Konstantinopel (680–681), des letzten der sieben »Ökumenischen Konzilien«, die noch immer von der West- und der Ostkirche als rechtskräftig angesehen werden, wurden eine ganze Reihe von

Lehren über die Natur Christi und seiner Kirche angenommen oder verworfen. Auf dieser doktrinären Basis verbreitete sich die katholische bzw. orthodoxe Kirche in der spätrömischen und frühmittelalterlichen Periode weit über den Mittelmeerraum hinaus (ca. 400–1000). Die heidnischen Gebiete, die es zu missionieren galt – England, Skandinavien, der Ostseeraum und die slavischen Länder – wurden so mit dem alten, inneren Feind der Häresie gleichgesetzt, den es mit einer Mixtur aus rechtgläubigen Glaubensformeln und religiöser und weltlicher Repression zu bekämpfen galt. Damit hatte sich die Mentalität der »Inquisition« etabliert. Wer aber waren die Vorläufer des Heiligen Offiziums, das zuerst im 13. Jahrhundert im Umkreis der westlichen katholischen Kirche entstand?

In der spätantiken Welt hatte man eher die verschiedensten einzelnen Häresien im Auge und weniger einen undifferenzierten Komplex, den man pauschal als Häresie bezeichnete. Das Lehrgebäude der damals noch vereinigten West- und Ostkirchen erfuhr seine endgültige Ausgestaltung auf dem Ökumenischen Konzil von Chalkedon im Jahre 451. Von da an verlangte man von den Christen, das Christentum »anzunehmen oder zu lassen«, nicht aber diesen und jenen Glaubensinhalt herauszugreifen und auf dem allgemeinen Glaubensmarkt zu vermischen. Im Westen galt Augustinus (354–430), Bischof im nordafrikanischen Hippo, vielen als die höchste christliche Glaubensautorität nach der Bibel und den Ökumenischen Konzilien, wobei seine Sicht vom Wesen der Kirche in der Folgezeit oft missverstanden wurde. Nach Augustinus war die Kirche, trotz des jüngst aufgestellten Schriftenkanons und der doktrinären Rechtgläubigkeit, dennoch eine Gemeinschaft von Sündern. Obwohl die Kirche bereits am »Gottesstaat« einigen Anteil hatte, glaubte der Bischof von Hippo – er selbst nach katholischem Maßstab ehemals ein Häretiker –, dass die Kirche immer noch in der sündigen, irdischen Welt (der »fleischlichen«, nach frühchristlicher Terminologie) verwurzelt sei. Später jedoch ließen seine Nachfolger diese Grundeinstellung fallen und vertraten die Auffassung, man könne die Kirche voll und ganz mit dem »Gottesstaat« identifizieren. Diese Denkweise setzt sich bis heute in katholischen wie protestantischen Traditionen fort. Damit wurde jeder christliche Abweichler zum Häretiker in dem von Ignatius von Antiochia formulierten Sinn. Von da an stand die persönliche Heiligkeit reformierender Christen der unterstellten objektiven Heiligkeit der Katholischen Kirche gegenüber. Das fügte der ohnehin schon in den kanonischen Schriften herrschenden Konfusion zwischen »abweichender Ansicht« und »Häresie«, zwischen abweichendem religiösen Verhalten oder »Schisma« – der gefürchteten Spaltung der Kirche – einen weiteren potenziell unheilvollen Aspekt hinzu. Ein anderer Wegweiser in die Zukunft war der Umstand, dass sich – bereits zu Augustinus' Zeiten – die Rechtgläubigen an die kaiserliche Gewalt (im kirchlichen Sprachgebrauch den »weltlichen Arm«) wandten, damit sie die kirchliche Autorität gegenüber Häretikern durchsetze.

Seitdem die christlich-orthodoxe Doktrin in Disputen mit denjenigen, die man schließlich zu Häretikern erklärte, ihre Festigung und Bestätigung erhalten hatte, kann mit Fug und Recht argumentiert werden, dass Häresie das logische Resultat einer Rationalisierung der Religion ist. Als Konsequenz aus dieser tiefverwurzelten Überzeugung von einer reinen und perfekten Kirche – der Bewahrerin und Beschützerin einer göttlich offenbarten Rechtgläubigkeit – etablierten sich zwei Konzepte von Häresie, welche die in vielen westlichen Völkern zu beobachtende Zersetzung eines jeden Respekts vor der Institution – die Ursache ihrer Entstehung – überlebt zu haben scheinen. Die erste dieser Ideen besagt, dass die Häresie – in Übereinstimmung mit dem im fünfzehnten Kapitel des Johannesevangeliums entworfenen Bild von Jesus als dem »rechten Weinstock« – der absterbende Zweig am Stamm des Katholizismus' sei. In der militanten und ritterlichen Phantasie des Mittelalters mag sich die Metapher in das Bild vom Messer im Rücken, als Akt eines Verräters, umgewandelt haben. Diese in der aufkeimenden Wissenschaft und Praxis des kanonischen Rechts vorherrschende Sicht setzte voraus, dass Häresie im Leib Christi, der Kirche selbst, ihren Ursprung habe. Wenn also erst einmal die toten oder vergifteten Zweige abgeschnitten und als totes Holz verbrannt wären, dann würde der rechtgläubige Stamm wieder zu Leben spendender Gesundheit zurückfinden, ganz so wie der Stamm, an dem der Erlöser gekreuzigt worden war. Die zweite konventionelle Auffassung von Häresie nahm einen alternativen Standpunkt ein. Danach war die Häresie – in der für das Mittelalter so wichtigen medizinischen Metaphorik – nicht eine innere Vergiftung, eine Fäulnis im Inneren des Körpers, sondern eine den Körper von außen her befallende Seuche. Einen solchen äußeren Feind konnte man zu seinem Ausgangspunkt zurückschicken, etwa durch Vertreibung oder Vertilgung innerhalb des Christentums selbst. Die Folge dieser beiden Konzepte war in jedem Fall, die rechtgläubigen Katholiken von jeglicher Verantwortung für Fehler innerhalb der Kirche freizusprechen und sie stattdessen den inneren und äußeren Feinden in die Schuhe zu schieben.

Seit dem frühen 11. Jahrhundert hatte sich die westliche, katholische Kirche unter der Führung der Bischöfe von Rom als Nachfolger des Apostels Petrus von den östlichen, orthodoxen Kirchen, abgespalten. Auf weltlicher Ebene wurde Westeuropa jetzt von einer kleinen Anzahl Könige und Fürsten regiert, die, wie auch die Päpste der Zeit, darum kämpften, ihre rechtliche und administrative Autorität über ihre Untertanen weiter auszubauen. Päpste und weltliche Herrscher trafen indessen auf den hartnäckigen Widerstand von höheren Klerikern, wie Bischöfen und Kathedralkanonikern, aber auch von Fürsten, Adligen und Rittern. In dieser Phase der historischen Entwicklung setzen die Belege für Häresie in der mittelalterlichen katholischen Kirche – und für ihre Unterdrückung – ein. Dieser Umstand ist ausschlaggebend für jede realistische Bewertung des Charakters und des Umfangs christlicher Dissidenz in der Periode vor der Gründung der päpstlichen Inquisition. Im 11. und 12. Jahrhundert werden die geistlichen und weltlichen Bürokratien zunehmend verschriftlicht. Das Anwachsen des Schriftguts schafft unvermeidlich die Gefahr einer »dokumentarischen Illusion«, der Historiker immer wieder erliegen, weil sie der bequemen und unbegründeten Auffassung folgen, bestimmte Phänomene erst dann als existent zu betrachten, wenn über sie schriftliche Quellen vorliegen. Im Falle der mittelalterlichen Häresie ist diese Gefahr besonders akut, die begrenzte schriftliche Überlieferung bedeutet einfach, dass unsere Kenntnisse über häretischen Glauben und häretische Praxis in der Katholischen Kirche erst in den 1020er Jahren einsetzen.

Zu dieser Zeit berichtet Ademar von Chabannes, ein Chronist aus dem westfranzösischen Angoulême, dass um 1022 zehn Kanoniker der Kathedrale von Orléans, »die religiöser erschienen als die anderen«, der manichäischen Ketzerei angeklagt wurden. König Robert I. von Frankreich (996–1031) forderte sie auf, zum katholischen Glauben zurückzukehren, und als sie sich weigerten, befahl er, ihnen ihr Priesteramt abzuerkennen, sie aus der Kirche zu verbannen und zu verbrennen.

Der Irrglaube des Dualismus
Ademar beschuldigte die verurteilten Kanoniker, Manichäer gewesen zu sein; durch einen Bauern, der die Asche toter Kinder

mit sich herumgetragen habe, seien sie auf Abwege geführt worden, und sie hätten den Teufel angebetet, der ihnen entweder als Äthiopier oder als ein Engel des Lichts erschienen sei. Gruppen von Manichäern sollen zu dieser Zeit bereits in weiten Teilen Südfrankreichs, von Aquitanien bis zur Provence, aktiv gewesen sein. Man warf ihnen vor, einem ähnlichen Glauben zu huldigen wie der Iraner Mani (ca. 216–276), Begründer einer »dualistischen« Mischreligion aus persischem Zoroastrismus, Buddhismus, Judentum und Christentum. In diesem System gab es zwei rivalisierende Schöpfer: den guten Gott, Schöpfer und Beherrscher der himmlischen, geistigen Welt, und Satan oder Teufel, den Schöpfer und Beherrscher der materiellen, irdischen Welt und ihrer Bewohner. Der Manichäismus kannte auch die Reinkarnation. In diesem System galt jegliches materielle Leben und insbesondere die sexuelle Vereinigung als absolut sündig, und die Seelen derer, die sich des Geschlechtlichen nicht enthalten und kein asketisches Leben geführt hatten, waren in ewigen Zyklen der Wiedergeburt im Reich des Satans gefangen. Die einzige Möglichkeit für einen Menschen, in die geistige Welt zu gelangen, war die Taufe als »Vollkommener« (*perfectus*) oder »Reiner« bzw. »Katharer« (davon abgeleitet das deutsche Wort »Ketzer«), um dann ein Leben ohne Sünde bis zum Tod zu führen.

Es ist äußerst fraglich, ob die zehn unglücklichen Kanoniker von Orléans überhaupt einen solch systematisierten Glauben hatten. Während der gesamten Entwicklungsperiode der Inquisition war es die normale Praxis der Kirche, jede auch noch so unorganisierte religiöse Abweichung ihrer eigenen Zeit mit Hilfe häretischer Erscheinungen der Vergangenheit zu identifizieren. Es ist deshalb keineswegs sicher, ob offizielle Berichte – meist die einzigen Quellen des Historikers – von zeitgenössischen Ereignissen sprechen oder nicht vielmehr von Kontroversen vergangener Jahrhunderte. Jedenfalls hat es den Anschein, als ob Ademar alles andere als eine unvoreingenommene Quelle ist. Zu der Zeit, als er behauptete, die manichäische Häresie verbreite sich in den südfranzösischen Provinzen, war der Chronist ein verbitterter und enttäuschter Mann. Früher einmal stand er an vorderster Front einer kirchlichen Reformbewegung, die in Benediktinerklöstern ihren Ausgang genommen hatte, und war dreißig Jahre lang damit befasst, den Kult des heiligen Martialis (St.Martial) von Limoges zu fördern. Sein Kampf für eine reformierte, volksnahe Kirche scheiterte jedoch, als er 1029 in einem theologischen Disput mit dem Prior Benedikt von Chiusa unterlag. Danach scheint er überall Anzeichen von Ketzerei gesehen zu haben, und so mag sein Fall als Warnung dienen, mittelalterlichen Berichten über Häresie unbesehen Glauben zu schenken. Die Bestrebungen von offizieller kirchlicher Seite, religiöse Abweichungen zu unterdrücken, gingen indessen im gesamten 11. Jahrhundert weiter. Die Synode von Orléans des Jahres 1022, in deren Verlauf die zehn Kanoniker wegen angeblich manichäischer Umtriebe auf dem Scheiterhaufen verbrannt wurden, ist jedenfalls die erste belegte Verbrennung wegen Häresie in Westeuropa. Zwei Jahre später berief Bischof Gerhard von Arras eine weitere Synode ein; sie sollte den Fall einer der Ketzerei verdächtigen Gruppe untersuchen, die vom Bischof zuvor befragt und wieder freigelassen worden war, der man aber vorwarf, ihrem Irrglauben weiterhin anzuhängen. Sie scheinen Bauern oder Weber gewesen zu sein, die ihrem gewohnten Leben den Rücken kehren wollten, um nur von ihren eigenen Mitteln und ihrer eigenen Arbeit zu leben, auch sollte das Gebot der Nächstenliebe nur innerhalb ihrer eigenen Bruderschaft gelten. Dieser unschuldige Glaube bewahrte sie nicht vor der Exkommunikation; dazu mussten sie noch eine ihnen vorgelegte volkssprachliche Version des katholischen Glaubensbekenntnisses mit einem Kreuz unterzeichnen. Im Jahre 1028 oder etwas später wurde eine Gruppe von »Häretikern« im befestigten Dorf Monforte bei Turin von Erzbischof Aribert von Mailand im Zuge einer bischöflichen Visitationsreise verhört. Nach dem Bericht des geistlichen Chronisten Landulf von Mailand, der einzigen überlieferten Quelle für diese Episode, akzeptierte die Gruppe das Alte und Neue Testament sowie das Kanonische Recht und die Autorität (nicht näher genannter) Kirchenführer. In Konflikt mit der offiziellen Kirche kamen sie durch eine Erklärung ihres Sprechers Gerard, nach der sie die Jungfräulichkeit so hoch schätzten, dass sie Geschlechtsverkehr auch in der Ehe ablehnten und glaubten, die Menschheit werde sich auch ohne Beischlaf vermehren, ähnlich wie die Bienen. Bei der Befragung der Monforte-Gruppe stellte sich zudem heraus, dass sie auch die päpstliche Autorität zu Gunsten einer unsichtbaren, von Gott gesandten spirituellen Autorität verwarfen. Man brachte sie nach Mailand und versuchte, sie wieder zum rechten Glauben zurückzuführen, in einigen Fällen mit Erfolg; gleichwohl wurden viele der nicht Bußfertigen verbrannt.

Kirchenreform und Kirchenkritik

Zwischen 1050 und etwa 1100, als das kirchliche Reformprogramm Papst Gregors VII. in die Tat umgesetzt wurde und das Papsttum mit dem Kaisertum um die Kontrolle über die Westkirche kämpfte, gibt es nur wenige Belege über die Aufspürung und Unterdrückung häretischer Gruppen und Einzelpersonen. Diese Situation änderte sich jedoch im 12. Jahrhundert, als eine Reihe dissidenter Denker auftrat und in den Augen der kirchlichen Obrigkeit das neue und sorgfältig gefügte Gebäude der reformierten Papstkirche bedrohte. Einer dieser Personen, Heinrich, ist von seinem Wirken her entweder aus Le Mans in Nordfrankreich oder aus Lausanne in der Schweiz bekannt geworden. Die angeblichen schriftlichen Belege über seine Tätigkeit sind alle aus zweiter Hand und ihm feindlich gesonnen. Immerhin lässt sich erkennen, dass Heinrich ein leidenschaftlicher und populärer Prediger war und große Anhängerschaft gewann, indem er den Klerus als Stand anprangerte, die Gültigkeit priesterlicher Anordnungen und die zunehmende klerikale Kontrolle über die Ausübung des Taufsakraments sowie die Eucharistie in Frage stellte. Er war maßgeblich an einem Aufstand gegen den Klerus in Le Mans beteiligt, in dessen Verlauf die Aufständischen in der Fastenzeit 1116 für einige Wochen die Kontrolle der Stadt an sich rissen. Ursprünglich war Heinrich eingeladen worden, in der Bischofskirche der Stadt zu predigen, und es gelang dem Diözesanbischof Hildebert nur mit Mühe, nach seiner Rückkehr von der Ostersynode in Rom der Situation wieder Herr zu werden. Zwischen den Zeilen jedoch bezeugen die Quellen, dass Heinrich und sein Bischof gegen allen äußeren Anschein einig waren in ihrem Wunsch, die Kirche zu reformieren. Offenkundig hatte Bischof Hildebert den Prediger Heinrich im Zuge seiner Kampagne für die Reform des Klerus und gegen Missbräuche seines Diözesanklerus' eingeladen, in seiner Kirche zu predigen. Wie auch zahlreiche andere Kirchenführer dieser Periode, hatte sich Hildebert die höchst riskante Strategie zu Eigen gemacht, die Laien zur öffentlichen Unterstützung seiner Ziele zu mobilisieren. Im Falle von Le Mans erwies sich Heinrich für den Bischof als zu radikal. Er attackierte nicht nur die Habgier und die Laster des Klerus', sondern beanspruchte auch sein eigenes Recht, die Bibel über die Kirchenväter hinaus zu interpretieren. Er beharrte auf seiner Ansicht, dass die Ehe eine Sache der jeweiligen Paare sei und nicht ein Sakrament der Kirche, dass Christen als Erwachsene und nicht als Kinder getauft werden sollten und dass die Sündenbeichte öffentlich vor der Gemeinde und nicht nur in Gegenwart eines Priesters abgelegt werden sollte. Mit anderen Worten: er betrachtete die Kirche nicht als hierarchischen und vollkommenen Gottesstaat mit einem irdischen Führer, dem Papst, als Stellvertreter Christi, sondern als einen Körper aus kleinen, weitgehend unabhängigen Gruppen von Männern und Frauen. Obwohl man Heinrich schließlich einkerkerte und beim Konzil von Pisa 1135 vor Papst Innozenz II. befragte, konnte er doch sein Leben und seine Freiheit retten. Noch lange danach war sein Einfluss in Frankreich und Italien spürbar.

Vielleicht der bekannteste Zeitgenosse Heinrichs von Le Mans/Lausanne als Prediger und theologischer Radikaler war Petrus von Bruis. Um etwa 1112 begann Petrus in der Alpenregion östlich der Rhône gegen das kirchliche Establishment zu predigen, später auch in loser Verbindung mit Heinrich, bis er 1131 auf dem Scheiterhaufen endete. Die einzige Quelle für die Lehren des Petrus von Bruis ist der Traktat *Gegen die Petrobrusianer* des Abtes des benediktinischen Reformklosters Cluny in Burgund, des großen Petrus Venerabilis (1092/4–1156), der zwischen 1131 und 1140 jene Streitschrift verfasste, die Petrus von Bruis' Ansichten zu widerlegen suchte. Die Arbeit ist Teil eines dreibändigen Werkes gegen christliche Häretiker, Juden und Muslime. Nach Petrus Venerabilis gab es Ähnlichkeiten im Glauben zwischen seinem Opponenten, dessen Einfluss sich in den 1120er Jahren überall in Südfrankreich verbreitet hatte, und Heinrich von Le Mans/Lausanne; offenkundig aber vertrat er weitaus extremere Positionen. So soll er die Kindertaufe verworfen haben, weil ein Christ nur durch den Glauben gerettet werden könne; ein Kind, das die Welt noch nicht kenne, sei auch nicht in der Lage, zu glauben. Er verwarf die Benutzung geweihter Kirchen, weil die Kirche aus Menschen und nicht aus Steinen bestehe. Das Kreuz sollte seiner Ansicht nach nicht Gegenstand frommer Verehrung sein, vielmehr solle man es verabscheuen, weil Jesus damit gequält und erniedrigt wurde. Folgerichtig scheinen er und seine Anhänger Kreuze und Kruzifixe aus den Kirchen entfernt und vor allem am Ostersonntag verbrannt zu haben. Diese Praxis führte auch zu seinem eigenen Tod, als man ihn auf einem seiner eigenen Scheiterhaufen verbrannte. Er verwarf die katholische Deutung der Eucharistie oder Messe, weil Christi Fleisch und Blut nur ein einziges Mal beim Letzten Abendmahl verzehrt worden seien und weil man dieses Opfer nicht beliebig wiederholen könne. Er verneinte, dass Gebete, Messen und Opfergaben für die Toten in irgendeiner Weise die Geschicke der menschlichen Seele beeinflussen könnten. In der Liturgie solle man auf den Gesang zu Gunsten von Stille und innerem Gebet verzichten.

Angesichts seiner Einseitigkeit enthüllt der Text des Petrus Venerabilis unwillkürlich wesentlich mehr über den Umgang der katholischen Kirche mit der Häresie als über die Häresie selbst. Es geht hierbei nicht um »Bildung«, das heißt um die Fähigkeit, lateinische Texte oder auch Übersetzungen in der Volkssprache zu lesen und zu verstehen, sondern um die intellektuellen und diskursiven Verfahren, die Petrus Venerabilis gegen seinen Namensvetter Petrus von Bruis und seine Anhänger einsetzte. Bevor die Inquisition im 13. Jahrhundert eingerichtet wurde, begegnete man Häresien und Schismen mit einer »spirituellen Justiz«, die mindestens auf das 4. Jahrhundert zurückgeht und den gesamten kirchlichen Verdammungsapparat, das Anathem, die Exkommunikation, rituelle Verfluchung und Androhung göttlicher Strafen umfasst. Im 10. und 11. Jahrhundert wurden diese kirchlichen Prozeduren komplexer, um mit der Entwicklung der säkularen Schiedsgerichtsverfahren mithalten zu können. Zugleich machte sich der aggressive Ton der Kurie gegenüber dem deutschen Kaisertum und seinem Versuch, die Kirche zu kontrollieren, auch im Falle bescheidenerer Abweichler bemerkbar. Darüberhinaus spiegelt der Traktat des Petrus Venerabilis gegen Petrus von Bruis und seine Gefolgsleute die neuen Behandlungsprinzipien der Häresie wider, die sich im 12. Jahrhundert im Umfeld der Kathedralschulen und der entstehenden Universitäten, insbesondere in Frankreich und Italien, entwickelt hatten.

Der cluniazensische Abt und Ketzerjäger wendete auf der Basis von 1 Kor. 11,19 die Debattiertechniken der Schulen und Universitäten an, um die Kirche, das heißt den Leib Christi, von der Häresie zu reinigen. Diese *purgatio* umfasste vier Stufen, welche die späteren Inquisitionsverfahren tiefgehend beeinflussten: *investigatio* (Befragung), *discussio* (Erklärung), *inventio* (Wahrheitsfindung) und *defensio* (Verteidigung). So begann man bei der Behandlung des Giftes im Leib Christi, der Kirche, mit einer Befragung, mit einer »Inquisition«, welche vor der Einsetzung spezieller Tribunale von Bischöfen und ihren Repräsentanten durchgeführt wurde. Der Sammlung von Zeugenaussagen folgte eine Disputation zwischen rechtgläubigen und häretischen Ideen, welche – ganz wie in den Hörsälen der neuen Universitäten – auf rationale Thesen reduziert wurden. Diese galt es dann zu verteidigen oder anzugreifen, und zwar mit dem gesamten rhetorischen Instrumentarium, das man zu dieser Zeit in gebildeten kirchlichen und weltlichen Kreisen neu zu entdecken begann. Als sich das 12. Jahrhundert seinem Ende zuneigte, standen theologische und intellektuelle Techniken bereit, um sich der häretischen »Bedrohung« entgegenzustellen. Der Justizapparat der Kirche und des Staates sollte bald hinzutreten – und damit entstand die Inquisition.

ZWEITES KAPITEL
Die mittelalterliche Inquisition

Die Armen Christi

Im Jahre 1170 (nach einer Quelle des 13. Jahrhunderts; 1173 nach einer anderen Quelle) soll ein gewisser »Peter« Valdes oder Waldo in der südfranzösischen Stadt Lyon ein einschneidendes Bekehrungserlebnis gehabt haben. Moderne Wissenschaftler halten ihn für einen Kaufmann, und eine der Quellen, die Stadtchronik des nordfranzösischen Laon, beschreibt ihn mit dem für reformerische Kirchenkreise höchst despektierlichen Wort »Wucherer«. Für beides jedoch gibt es keine stichhaltigen Belege, auch stimmen die beiden Hauptquellen in den Umständen der »Bekehrung« nicht überein. Der anonyme Chronist von Laon, möglicherweise ein englischer Mönch, der die Annalen bis zum Jahr 1220 fortgeschrieben hat, berichtet, Valdes habe sich zu einer Änderung seines Lebens entschlossen, nachdem er von einem fahrenden Sänger die aufrüttelnde Geschichte des heiligen Alexius (Alexis) gehört habe. Nach der Legendendichtung dieser Zeit (das »Alexiuslied« zählt zu den ältesten und eindrucksvollsten französischen Literaturzeugnissen des Hohen Mittelalters) verließ Alexius, der Sohn eines römischen Adligen, seine junge Frau noch in der Hochzeitsnacht und begab sich auf eine lange Pilgerreise. Nach der Legende kehrte er schließlich nach Rom zurück und lebte siebzehn Jahre als Bettler unerkannt unter der Treppe seines Vaterhauses; erst nachdem er gestorben war, wurde er durch seine Handschrift identifiziert, da der Leichnam einen Brief umklammert hielt. Als sich am Grabe des Büßers große Wunder ereigneten, wurde Alexius vom Papst heilig gesprochen. Ganz andere Angaben über die Bekehrung von Valdes machte eine Generation später der Dominikaner Stephan von Bourbon (um 1200–1261), der wie Valdes in Lyon ansässig war, als Inquisitor die Ketzer bekämpfte und zwischen ca. 1250 und 1261 eine chronikartige Sammlung von Exempeln schrieb. Nach Stephans Bericht erlebte Valdes beim Hören einer Evangeliumslesung seine religiöse Erweckung. Nach beiden Quellen erbat der »Bekehrte« sogleich geistlichen Beistand von den Kathedralkanonikern, vielleicht für seine eigene Errettung, oder um eine französische Übersetzung der lateinischen Bibel von ihnen zu erbitten. Er entschloss sich daraufhin, seinem Reichtum zu entsagen und ein Leben gemäß der Armut Jesu und seiner Jünger zu führen. In der Chronik von Laon heißt es, er sei nach Hause zurückgekehrt und habe seine Ehefrau vor die unangenehme Wahl gestellt, sich entweder für sein bewegliches oder sein unbewegliches Gut zu entscheiden. Seine Töchter sollten in das Nonnenkloster des Reformordens von Fontevrault gebracht werden, den im Jahre 1100 Robert von Arbrissel für Männer und Frauen gegründet hatte. Seine Frau entschied sich für die Liegenschaften, während sein Geld und andere bewegliche Habe an alle verteilt wurden, denen er bei seinen Handelsgeschäften Unrecht getan hatte, sowie, als wöchentlich auszuteilendes Almosen, an die Armen. Seine früheren Freunde sollten dies als Hinweis darauf verstehen, dass er künftig seinen Lebensunterhalt durch Betteln verdienen wollte. Nachdem seine Frau – nicht ohne Grund – Beschwerde über ihre Behandlung bei Erzbischof Guichard von Pontigny eingelegt hatte, ließ sich Valdes herbei, zumindest seine Mahlzeiten mit ihr einzunehmen.

Im Jahre 1179 begaben sich zwei »Waldenser« (wie die Anhänger dieser Armutsbewegung von ihren kirchlichen Gegnern genannt wurden), einer von ihnen möglicherweise Valdes selbst, nach Rom, als gerade das Dritte Laterankonzil tagte, und übergaben Papst Alexander III. eine französische Übersetzung verschiedener Teile der Heiligen Schrift mit Glossen oder Kommentaren und baten den Papst um die Erlaubnis, predigen zu dürfen. Walter Map, Kleriker am Hofe Heinrichs II. von England sowie Kanzler der Diözese Lincoln, ein berühmter lateinischer Schriftsteller, unterzog die Bittsteller einer Prüfung. Sehr zu seiner eigenen Erheiterung glaubte Walter Map, sie mit einer Disputation, wie sie an Universitäten üblich war, in eine Falle gelockt zu haben, denn darauf konnten die unwissenden Laien nicht vorbereitet sein. Er unterstellte, sie würden die Jungfrau Maria auf dieselbe Stufe stellen wie die Dreieinigkeit von Gottvater, Sohn und Heiligem Geist. Dennoch scheint Papst Alexander III. den Laienbrüdern die Predigterlaubnis erteilt zu haben, unter der Voraussetzung, ihre geistliche Obrigkeit, in diesem Falle ihr Erzbischof, habe sie dazu befugt. Obwohl Walter Map die vor ihm erschienenen Waldenser als »einfach und illiterat« verachtete, fürchtete er doch – falls sich ihr Verständnis vom Wort Gottes durchsetzte –, dass seinesgleichen, nämlich der Klerus mit höherer Bildung (von der die Mehrzahl der Menschen ausgeschlossen war), die Vorrangstellung einbüßen würde. Ein Jahr später erschien Valdes vor einer Synode in Lyon und wurde vom päpstlichen Legaten Heinrich von Marcy, von Erzbischof Guichard von Lyon und von Gottfried von Auxerre, Abt von Hautecombe, befragt; letzterer hat einen Bericht über das Verhör verfasst. Valdes scheint ein Bekenntnis zum katholischen Glauben abgelegt zu haben, auch gab es keine Verdammungen oder Sanktionen, wie sie bei Verstößen gegen die Doktrin und Ordnung der Römischen Kirche verhängt worden wären. Nach Erzbischof Guichards Tod im Jahre 1182/83 indessen kehrte sein Nachfolger Johann Bellesmains die Politik seines Vorgängers um, verdammte Valdes und seine Schüler und wies sie aus der Stadt und der Diözese. Danach hört man nichts mehr von Valdes selbst oder von Waldensern in Lyon. Auf dem Konzil von Verona 1184 jedoch verdammte Papst Lucius III. die sogenannten »Armen von Lyon« als Ketzer, die mit aller Entschiedenheit von der Kirche und der weltlichen Macht verfolgt werden müssten.

Traditionell gilt Valdes oder Peter »Waldo« unter Kirchenhistorikern als Nachfolger rebellischer Prediger wie Heinrich von Le Mans/Lausanne, Petrus von Bruis in Frankreich und Arnold von Brescia in Italien. Im Nachhinein betrachtete man ihn als Vorläufer eines Franz von Assisi und eines Martin Luther. Kürzlich äußerte Michel Rubellin die Auffassung, Valdes könne durchaus, wie bereits Heinrich von Le Mans vor ihm, die Schachfigur eines Reformbischofs wie Guichard von Lyon gewesen sein. Nach dieser Analyse benutzte Guichard Valdes' angebliche »einfache« und »spontane« Übernahme eines Lebens in absoluter Armut, seine Forderung nach einem Bibeltext in französischer Sprache, sein Ansuchen um Predigterlaubnis für sich und seine Schüler dazu, die weitgehend aristokratischen Kanoniker oder Kathedralkleriker dergestalt unter Druck zu setzen, dass sie ihren beträchtlichen Reichtum aufgäben und im Umkreis der Kathedrale das Leben einer quasi mönchischen, religiösen Gemeinschaft führten. Wenn das stimmt, wäre Valdes sicherlich nicht der erste unter dem niederen Klerus und den Laien gewesen, die dazu benutzt worden wären, die Ziele reformerisch eingestellter Mönche, Bischöfe (und Päpste) unter den höheren Rängen der Kirche zu propagieren und zu vertreten. Wie dem auch sei, um 1200 waren die Waldenser ein dauerhaftes Element kirchlichen Lebens geworden – und sind es bis in unsere Tage. In der Zeit um Valdes' Tod, etwa zwischen 1205 und 1218, begann sich seine ursprünglich als »Arme von Lyon« bekannte Bewegung zu spalten. Eine Gruppe, die »armen Lombarden« verbreiteten sich in Norditalien in der Gegend von Mailand und Piacenza, während sich die Anhänger in Lyon noch einmal im Jahre 1207 teilten. In den nächsten Jahren wurden einige von ihnen von dem Aragonesen Durandus von Osca (Huesca?) in den Schoß der Kirche zurückgeführt. Papst Innozenz III. erlaubte ihnen, sich in der Gruppe der »Katholischen Armen« zusammenzuschließen – in den Augen einiger Wissenschaftler der Prototyp des Franziskanerordens. Für den Rest des Mittelalters standen dann die Waldenser im Visier päpstlicher Inquisition: in Norditalien (Piemont), in Süddeutschland und der später so genannten Schweizer Eidgenossenschaft. Ihre Nachfolger in diesen Regionen sowie in der Provence und Süditalien schlossen sich im frühen 16. Jahrhundert den Anhängern der reformatorischen Lehre an. Zu dieser Zeit lebten die Waldenser in einem deutlichen Schisma zur katholischen Kirche, jedoch um 1200, als sie allmählich gewaltsamer Unterdrückung seitens der Kirche und des Staates ausgesetzt waren, zeigten sich ihre doktrinären Unterschiede noch keineswegs so akzentuiert.

Wölfe im Schafspelz

Die frühesten Quellen zu Valdes und seiner Bewegung weisen deutlich darauf hin, dass ihr Zerwürfnis mit der kirchlichen Hierarchie – nachdem sie nicht mehr den polemischen Zwecken Erzbischof Guichards dienten – eher auf dem Gebiet der Disziplin als auf dem der Glaubensdoktrin lag. Insbesondere ging es um die nicht lizensierte Laienpredigt und um den Besitz der Heiligen Schrift in einer anderen Sprache als der lateinischen. Einer der frühesten kirchentreuen Autoren über das Waldensertum war der Dichter, Philosoph und Theologe Alanus ab Insulis/Alan von Lille (ca. 1128–1203), der eine umfangreiche Abhandlung über die Häresien seiner Zeit, namentlich über die Katharer und Waldenser, verfasst hat. In der konventionellen Diktion und Metaphorik katholischer Schriften gegen Abweichler und unter ausgiebiger Zitierung der Bibel charakterisiert er Valdes und dessen Anhänger als Wölfe im Schafspelz. Für ihn waren sie Verleumder der Kirche und dazu noch Heuchler, denn sie würden nicht nach den hohen moralischen Werten leben, die sie beständig predigten. Obwohl er sie der Gotteslästerung durch »Ketzerei« bezichtigt, nennt er doch keine von ihnen vertretenen falschen theologischen Doktrinen und greift sie in erster Linie wegen ihrer Unwissenheit und ihres Ungehorsams an. In der Mitte des 13. Jahrhunderts, als sich die Waldenser geteilt, aber auch verbreitet hatten, beschreibt der französische Dominikaner Stephan von Bourbon (1200–1261) die Waldenser in Südfrankreich und der Lombardei als »ansteckend« und gefährlich, vor allem wegen ihrer Fähigkeit, ihre wahren Ansichten zu verbergen. Er scheint davon auszugehen, dass die Waldenser einen Gutteil ihrer häretischen Ideen von anderen übernommen hätten, wobei er wahrscheinlich die Katharer im Auge hatte. Da sie zunehmende Verfolgungen zu erdulden hatten und sich immer mehr der Katholischen Kirche entfremdeten, lehnten die Waldenser die katholische Hierarchie, die Sakramente, ihre Gebete und Gaben für das Seelenheil der Toten ab. Offenbar leiten sich ihre Glaubenssätze von abweichenden Tendenzen innerhalb der Kirche ab – nach dem Vorbild Heinrichs von Le Mans und des Petrus von Bruis – und nicht sehr von äußeren Quellen. Dies lässt sich gewiss von den Katharern nicht behaupten.

Die Katharer
Es besteht inzwischen kaum mehr ein Zweifel, dass die Katharergruppen, die sich im 12. und 13. Jahrhundert in Südfrank-

reich und Norditalien herausbildeten, auf weiten Strecken Ableger dualistischer Bewegungen in Osteuropa waren. Wie bei ihren westlichen Nachfolgern lagen die Anfänge der Bogomilenbewegung in Bulgarien um die Mitte des 10. Jahrhunderts bei einer Gruppe von Christen, die ein karges und einfaches Leben führten, aber keine den Manichäern (vgl. Kapitel 1) irgendwie ähnlichen Ansichten hegten. Als in Westeuropa zum ersten Mal, im 11. Jahrhundert, von Bogomilen und ihrer Mission berichtet wird, hatten sich deren Ideen offenkundig geändert: jetzt verfolgten ihre Anhänger im Westen, unter Einschluss der Häretiker von Monforte (1208), eindeutig dualistische Ansichten. Die früheste organisierte Katharerbewegung ist 1143 aus Köln belegt, als ein katharischer Bischof und seine Gefährten der Ketzerei angeklagt wurden. Die Dichterin und Mystikerin Hildegard von Bingen (1089–1179) nahm heftigen Anstoß an den Katharern in Deutschland. Als im Jahre 1163 Eckbert von Schönau, Bruder ihrer Freundin Elisabeth, eine neue Kampagne gegen das seiner Meinung nach vorzüglich organisierte Katharertum in und um Köln entfachte, berichtete der zukünftige Heilige von einer Vision: Danach gehörten die Katharer zu einer der Plagen, die nach der Offenbarung des Johannes (der Apokalypse) vom Satan auf die Welt losgelassen werden. Das Auftreten des Katharertums in Deutschland hing vermutlich sowohl mit der griechisch-byzantinischen, wie mit der bulgarischen Mission in der ersten Hälfte des 12. Jahrhunderts zusammen. Die verschiedenen Richtungen innerhalb des Katharertums jedoch fielen in Norditalien und Südfrankreich auf besonders fruchtbaren Boden. Ein klarer und prägnanter Bericht über Glauben und Praktiken der Katharer, einschließlich ihrer institutionellen Organisation, stammt aus der Feder des Ranieri Sacconi. Der aus Piacenza gebürtige Sacconi hatte sich 1245 vom Katharertum abgewandt, wurde Dominikaner, wirkte mit Peter von Verona als Inquisitor und trat in der Lombardei dessen Nachfolge an, nachdem Peter 1252 ermordet worden war. Unter dem Namen Petrus Martyr ist dieser als erster Märtyrer, der Inquisitor war, in die Heiligengeschichte eingegangen. Wie so viele andere Konvertiten scheint Sacconi Hassgefühle gegen seine ehemaligen Katharerbrüder entwickelt zu haben. Seine Abhandlung unterscheidet genau zwischen den unterschiedlichen Gruppierungen und Glaubenspositionen innerhalb der katharischen Kirchen. Die Katharer hielten an der Sicht der Manichäer vom Dualismus zwischen Gottes guter Schöpfung und Satans böser Schöpfung fest, ebenso wie an der Notwendigkeit einer Geisttaufe, dem *consolamentum*, wenn die Seele eines Menschen dabei war, dem ewigen Kreislauf der sündhaften geschlechtlichen Zeugung zu entfliehen. Ganz gleich welcher Gemeinde oder Überzeugung die Katharer anhingen, sie durften weder Fleisch noch Milchprodukte essen, weil dies Produkte des Geschlechtsverkehrs waren. Fische hingegen durften sie nach der auf Aristoteles basierenden mittelalterlichen biologischen Theorie essen, weil man glaubte, sie seien nicht auf geschlechtliche Weise gezeugt worden. Zusätzlich zu ihrem wichtigsten Sakrament, dem *consolamentum*, sollen die Katharer eine Entsprechung zur katholischen Messe gekannt haben, eine Art Kommuniongottesdienst nach dem Vorbild des letzten Abendmahls Christi, der jedoch (wie auch beim ursprünglichen Anlass) in Privathäusern stattfand. Die Katharer hatten keine Kirchen, praktizierten aber öffentliche Glaubensbekenntnisse wie in der Frühkirche und verfügten über eine Art Hierarchie, die jedoch nicht aus einer Priesterschaft bestand, sondern aus einem Bischof und zwei assistierenden Amtsträgern, dem Älteren und dem Jüngeren Sohn (*Filius Maior* und *Filius Minor*). Auch hatten sie Diakone, die bei der Durchführung religiöser Handlungen mitwirkten. Die

Schar der Gläubigen teilte sich in *perfecti* (die *Katharoi* oder »Vollkommenen«), die das *consolamentum* empfangen hatten, sowie in die normalen Gläubigen, die einer weniger rigorosen Disziplin unterworfen waren und die den wie Reisepriestern agierenden *perfecti* Unterstützung gewähren mussten. Nach Sacconi, der bestrebt war, seine ehemaligen Mitbrüder im schlechtesten Licht erscheinen zu lassen, besteht das Hauptproblem innerhalb der katharischen Gemeinde in Differenzen über den dualistischen Glauben und über die Legitimation der »klerikalen« Führer, die allein befugt waren, das *consolamentum* zu vollziehen. Im Gegensatz zur Praxis der reformierten päpstlichen und klerikalen Kirche des 13. Jahrhunderts und nachfolgender Jahrhunderte, galten katharische Amtsausübung als ungültig, wenn der Bischof, die Ältesten oder Diakone nach ihrer Einweisung Sünden begangen hatten, auch wurden alle geistlichen Handlungen und Sakramente, an denen die in Sünde gefallene Person beteiligt war, für ungültig erklärt. Damit konnte das *consolamentum* seine Wirkung verlieren, und die Seele war verdammt, erneut in die Welt Satans wiedergeboren zu werden.

Kampf gegen die Ketzer

Trotz eingehender Forschungen lässt sich nicht sagen, wieviele Menschen in den Verbreitungsgebieten des neuen Katharertums Ende des 12. und Anfang des 13. Jahrhunderts zu den *perfecti* oder zu den normalen Gläubigen (*credentes*) gezählt werden können. Unzweifelhaft ist jedoch, dass das Papsttum und die lokalen kirchlichen Autoritäten in Südfrankreich und Italien die Katharer als eine ernst zu nehmende Gefahr ansahen. Das wichtigste Instrument repressiver Maßnahmen gegen die Katharer waren zunächst die Weißen Mönche des Zisterzienser-

Der hl. Dominikus empfängt vom Papst Honorius III. die Bestätigung der Ordensregel.

ordens. Im Jahre 1098 hatte Robert von Molesme eine Mönchskongregation im französischen Cîteaux gegründet. Innerhalb von fünfzig Jahren waren bereits 300 Zisterzienserkonvente entstanden, deren Zahl sich in der Folgezeit auf 740 erhöhte. Den frühen Zisterziensern ging es darum, zur monastischen Einfachheit der Benediktregel aus dem 6. Jahrhundert zurückzukehren, und obwohl sie den vollständigen Rückzug aus der Welt propagierten, erhielten sie großen Zulauf und errangen bemerkenswerten Einfluss in den höheren kirchlichen Gremien. Insbesondere profilierte sich Bernhard von Clairvaux (1090–1153) als Fürsprecher für Orthodoxie und Reform, neben Petrus Venerabilis vom älteren und rivalisierenden Orden der Cluniazenser. Weitere handelnde Kräfte in der Ketzerfrage waren die Kanoniker des Prämonstratenserordens, der 1120 von Norbert von Xanten (ca. 1080–1134) im nordfranzösischen Prémontré gegründet worden war. Beide Orden wirkten als Evangelisatoren der offiziellen, hierarchischen Kirche mit dem doppelten Ziel, Häresien innerhalb dieser Kirche zu bekämpfen und die westliche Christenheit für den Kreuzzug gegen den Islam zu einen. Basis für den Feldzug gegen die Ketzerei im 12. und 13. Jahrhundert war die präzise Definition von »Rechtgläubigkeit« und »Häresie«, die Betonung der absoluten Führungsrolle der Kirche gegenüber den Laien (vom Kaiser des Heiligen Römischen Reiches abwärts) und die strikte Ablehnung christlichen Lebens außerhalb der Strukturen der institutionellen Kirche und der Mönchsorden im Besonderen. Auf diese Weise wurde in der Zeit des Zweiten Kreuzzuges 1147 »Häresie« für den Rest des Mittelalters bis in die Neuzeit hinein von Bernhard und den Zisterziensern, von Petrus Venerabilis und den Cluniazensern, den Prämonstratensern sowie von Säkularkanonikern wie Eckbert von Schönau definiert. Diese Mönche und Kleriker erreichten ihr Ziel, indem sie die

Überfülle von Glaubensinhalten und Praktiken, die sich in der Spätantike und im frühen Mittelalter entwickelt hatten, auf strikte und präzise *capitula* reduzierten. Diese meist von ihnen selbst aufgestellten religiösen Rahmenbedingungen wurden für die nachfolgende Geschichte der Inquisition zum Hauptkriterium für die Festlegung von »Rechtgläubigkeit«. So gab es etwa um 1160 zwei Monolithe: die »Kirche« und die »Häresie«. Praktisch gesehen, erhielten die Zisterzienser 1198, nachdem Innozenz III. Papst geworden war, die Führungsrolle bei der Bekämpfung der Katharer und Waldenser in Südfrankreich und Norditalien.

Südfrankreich, auch bekannt unter dem Namen Languedoc (nach der dort gesprochenen romanischen Sprache, dem Oc bzw. Occitanischen/Altprovenzalischen), war ein Gebiet vielfältiger Machtverhältnisse, an dem, neben dem König von Frankreich, die Könige von England und Aragón unmittelbares Interesse hatten. Gerade diese machtpolitische Rivalität begünstigte die fast völlige Unabhängigkeit der regionalen Territorialherren, namentlich der Grafen von Toulouse. In diesem Klima politischer »Dissidenz« und eines beispiellosen Aufschwungs der höfischen und städtischen Kultur, deren wichtigster Ausdruck die einzigartige Troubadourlyrik war, blühte auch die religiöse Dissidenz, und um 1172 hatte sich wohl ein katharisches »Bistum« in Albi etabliert, das die geistige Leitung der als »Albigenser« bekannten Gläubigen der Region übernommen hatte. Bald nach seiner Amtsübernahme versuchte Innozenz III. die Angelegenheit in seine Hand zu nehmen. Obwohl sein Vorgänger Alexander III. bereits Legaten in die Region geschickt hatte, stellte Innozenz im Jahre 1204 Arnald Amalric, den Abt von Cîteaux, an die Seite des amtierenden Legaten Peter von Castelnau. Die Zisterziensermönche, deren Orden wegen Abweichungen von den ursprünglichen Zielen inzwischen in eine innere Krise geraten war, erzielten nur geringe Erfolge: die Katharer und Waldenser blieben aktiv, und die lokalen Autoritäten, einschließlich der Diözesanbischöfe und des Grafen von Toulouse, Raimunds VI., lehnten im großen und ganzen eine Zusammenarbeit mit den Zisterziensern ab. Peter von Castelnau exkommunizierte den Grafen, weil er sich weigerte, einer vom Legaten gegründeten Liga zur Aufrechterhaltung des Friedens und zur Bekämpfung der Häresie beizutreten. Am 8. Januar 1208 wurde Peter ermordet, vermutlich von einem übereifrigen Anhänger Graf Raimunds. Der Papst verkündete sofort einen Kreuzzug gegen den Grafen, der schließlich zur Unterwerfung des größten Teils Südfrankreichs unter die Herrschaft des französischen Königs führte.

Dominikus und die Inquisition

In der Zwischenzeit besuchten zwei spanische Kleriker das Languedoc, und damit begann eine neue Phase im Kampf der Kirche gegen die Häresie, die zur Gründung einer neuen, spezialisierten Inquisition führte. Im Jahre 1203 reiste Diego, Bischof von Osma, anlässlich einer diplomatischen Mission des Königs von Kastilien nach Dänemark durch Südfrankreich. In seinem Gefolge befand sich ein junger Kanoniker der Kathedrale von Osma namens Domingo Guzmán aus Calaruega, der in die Kirchengeschichte als heiliger Dominikus eingehen sollte, als Gründer des Dominikanerordens, auch bekannt unter der Bezeichnung Predigerorden. Beide Männer waren so tief beunruhigt über die Stärke häretischer Gruppen in Südfrankreich, dass sie Papst Innozenz um Erlaubnis baten, sich der katholischen Mission entweder in dieser Region oder in Mitteleuropa anschließen zu dürfen. Bischof Diego wurde in seine Diözese zurückbeordert, Dominikus aber blieb in Frankreich und bemühte sich um die Verbesserung der zisterziensischen Bekehrungsmethoden, die er als zu arrogant und volksfern einstufte. Auch er sah den Kampf gegen die Häretiker als einen primär intellektuellen an, aber er war der Überzeugung, dass die Mönche zu abgehoben von der Welt aufträten, als dass ihre Argumente irgendeine Wirkung auf die Mächtigen und die Bevölkerung des Languedoc haben könnten. Wenn die Katholiken die Katharer und Waldenser wieder in ihre Herde zurückbringen wollten, mussten sie nicht nur die »Vollkommenen« in theologischen Debatten besiegen, sondern mussten es ihnen auch an Armut und einfachem Leben gleichtun oder sie darin übertreffen. Auch wenn sich Dominikus dem Problem eher auf intellektueller Ebene näherte, traf er sich in diesem Punkt doch mit Franz von Assisi und seiner Hinwendung zur »Dame Armut«.

Im Kampf gegen die Katharer verbanden sich Schwert und Kanzel: Parallel zu den militärischen Aktionen im Languedoc durch vorwiegend nordfranzösische Kreuzfahrertruppen unter dem Kommando des Adligen Simon de Montfort streiften Dominikus und eine wachsende Anzahl von Brüdern durch die Region, debattierten in zum Teil monumentalen Redeschlachten mit den Führern der Katharer und predigten zu deren Anhängern. Im Jahre 1215 erhielten die Dominikaner von Bischof Foucher von Toulouse Unterstützung und Unterkunft, und fünf Jahre später trat zum ersten Mal ein Ordenskapitel in Bologna zusammen. Zugleich widmete sich das im November 1215 in Rom eröffnete Vierte Laterankonzil in erster Linie dem Problem der Häresie. Der dritte Kanon des Konzils bestimmte, dass alle, die sich dem katholischen Glauben, wie vom Konzil definiert, verweigerten, nicht nur exkommuniziert werden sollten, sondern auch den weltlichen Gewalten zur Bestrafung zu übergeben seien. Zwar wurde die Art der Strafe nicht näher beschrieben, die Einziehung des Eigentums sollte aber automatisch erfolgen: Das Vermögen von Laien fiel an die weltliche Obrigkeit, das der Kleriker an die Kirche. Für die steigende Anzahl der Ketzerjäger stand fest, dass die meisten Abweichler das Bekenntnis zum katholischen Glauben öffentlich, im Angesicht der weltlichen Macht, nicht verweigern würden. Papst Innozenz' Viertes Laterankonzil legte deshalb eine gerichtliche Prozedur für solche Leute fest, die lediglich im Verdacht der Häresie standen, der Ketzerei also nicht überführt waren. Eine dieser Prozeduren war die traditionelle, aus dem Frühmittelalter überkommene Rechtspraxis der »Reinigung«, bei der ein Angeklagter sogenannte »Eidhelfer« um sich versammelte, die seine Unschuld bezeugen sollten. Gelang es einem der Häresie Verdächtigten nicht, sich innerhalb eines Jahres zu »reinigen«, wurde er automatisch exkommuniziert und in der Folge so behandelt, als sei er der Ketzerei überführt. Das Netz allerdings wurde noch weiter ausgeworfen. Angesichts der ständigen Konflikte zwischen dem Papsttum und den weltlichen Mächten zweifelten Papst und Konzil an der Bereitschaft der Könige, die kirchliche Disziplin gegenüber den Häretikern durchzusetzen. Die weltlichen Herrscher sollten sich deshalb durch Eid verpflichten, der katholischen Rechtsordnung Geltung zu verschaffen. Aber auch gewöhnliche Leute, die in irgendeiner Weise mit Ketzern in Verbindung gebracht wurden, die etwa katharischen *perfecti* oder waldensischen Laienpredigern Obdach gewährt hatten, sollten als »Verteidiger« oder »Helfer« der Häretiker mit Einkerkerung, Verhör und Bestrafung bedroht werden.

Während sich die Kirche bemühte, die Dekrete des Vierten Laterankonzils durchzusetzen und die Dominikanerbrüder predigend und disputierend durch die »häretischen« Länder zogen, besetzte das nordfranzösische Kreuzzugsheer unter Simon von Montfort die Grafschaft Toulouse, schaltete den Einfluss der Krone Aragón im Languedoc aus und verfolgte die Katharer mit Waffengewalt und brennenden Scheiterhaufen. Die Feindseligkeiten setzten im April 1229 vorübergehend aus, als in Paris ein Vertrag unterzeichnet wurde, nach dem sich Graf Raimund VII. von Toulouse verpflichtete, die Herrschaft über seine Territorien im Namen Ludwigs IX. von Frankreich auszuüben und die Interessen der Kirche in jeder Hinsicht zu verteidigen, einschließlich der Unterdrückung der Häresie. In diesem Zusammenhang wurde von Papst Gregor IX. die erste formelle, auf so vielen theologischen und institutionellen Präzedenzfällen basierende Inquisition eingerichtet. Im Jahre 1229, dem Jahr des Vertrages von Paris, bildete man in den einzelnen Pfarrbezirken Kommissionen, bestehend aus einem Priester und zwei oder mehr Laien, um Ketzer aufzuspüren, aber der Plan misslang, weil die Amateur-»Inquisitoren« nicht bereit waren, ihre Nachbarn zu denunzieren. So war ein professionelles und »objektiveres« Verfahren gefragt, das dann auch vier Jahre später in Frankreich angewendet wurde: Papst Gregor wies den Dominikanerprovinzial in Toulouse an, theologisch versierte Mitglieder seines Ordens zu ernennen, die als Inquisitoren in verschiedenen Teilen Frankreichs, von Narbonne im Süden bis Bourges im Norden, eingesetzt werden könnten. Angesichts der unumstrittenen Macht, welche die Inquisition in späteren Jahrhunderten ausübte, muss betont werden, dass sich die frühen dominikanischen Inquisitoren in Südfrankreich zu Recht als eine belagerte Minderheit vorkommen mussten. Der gewaltsame Charakter ihrer Aktionen entsprach dem gewaltsamen Widerstand, dem sie seitens des höheren Klerus und der weltlichen Mächte in ihren Aktionsgebieten ausgesetzt waren. Einer der ersten Inquisitoren, Guilhem Pelhisson, berichtet voller Stolz von Fällen, welche der moderne Leser als Akte abstoßender

Grausamkeit werten muss. So beispielsweise im Jahre 1234: Als die Nachricht von der Heiligsprechung ihres Ordensgründers die Stadt Toulouse erreichte, versammelten sich die Dominikaner zusammen mit Bischof Raymond von Miramont in ihrem Konvent, um die Messe zu zelebrieren. Als sie sich anschließend zum Mahle begeben wollten, erfuhren die Brüder, dass eine ältere, der katharischen Ketzerei verdächtige Frau auf dem Sterbebett lag – eine Nachricht, die sich sogleich in einer unerwarteten und grauenhaften Weise bewahrheiten sollte. Der Bischof verfügte sich unverzüglich zu dieser Frau, und da ihre Verwandten sie offenkundig nicht rechtzeitig hatten warnen können, schien sie zu glauben, der Bischof sei ein katharischer *perfectus,* und öffnete ihm vertrauensvoll ihr Herz. Daraufhin verdammte sie Bischof Raymond als hartnäckige Ketzerin, man zerrte sie in ihrem Bett aus dem Haus und verbrannte sie auf der Stelle. Die Dominikanerbrüder kehrten frohgemut zu ihrer Mahlzeit zurück, feierten ihren neuen Ordensheiligen und seinen Sieg über die Werke des Teufels. Auch wenn die Aktivitäten der Inquisition in ihren ersten Jahrzehnten nicht immer so furchtbar waren wie in diesem Fall, wurde doch erst allmählich ein festgesetzter rechtlicher Rahmen für die Tätigkeiten der Tribunale entwickelt. Häufig kam es zu Überschneidungen und Kompetenzstreit zwischen der neuen Inquisition der Dominikaner und den älteren bischöflichen Gerichten, und niemals war es in dieser Periode vollständig geklärt, ob Inquisitoren ohne die Anwesenheit von Vertretern der örtlichen Bischöfe tätig werden durften. Dennoch entwickelten sich in der zweiten Hälfte des 13. Jahrhunderts auf universitären Disputationen und dem Kirchenrecht basierende Gerichtsverfahren.

Als die Verfahrensweisen immer regulärere Formen annahmen, waren die Inquisitoren, wie der Name implizierte, befugt, die Häretiker selbst aufspüren oder auf Denunziationen zu reagieren. Immer häufiger von Hofbeamten und Notaren begleitet, suchten sie einen Kirchensprengel oder ein Gebiet auf, wo man Ketzer vermutete und ließen durch die örtlichen Priester die Leute in die Hauptkirche des Distrikts zusammenrufen. Sodann predigte man gegen die Ketzerei und für die katholische Glaubensdoktrin, und die Leute wurden bedrängt, nicht nur ihre eigenen Irrtümer zu gestehen, sondern auch innerhalb einer Frist von dreißig bis vierzig Tagen Ketzereien ihrer Freunde und ihrer Umgebung anzugeben. Bekenntnisse innerhalb dieser Periode führten dann zu kleineren Kirchenstrafen und zur Versöhnung mit der Kirche. Dieser scheinbar freudige Moment der Wiedereingliederung in die Gemeinschaft in Christo, wie sie vom heiligen Paulus beschrieben wird, sollte bald zu einem Leidensweg werden, der durchaus der Härte und der Grausamkeit früherer Bußrituale entsprach. Das strenge Leben von »Freiwilligen« in den Reformklöstern des 11. und 12. Jahrhunderts wurde christlichen Laien auferlegt, die eine solche Wahl ja nicht getroffen hatten. Denn wenn Beweise abweichenden Glaubens und abweichender religiöser Praktiken den Inquisitoren zur gegebenen Zeit und in gebührender Form nicht zur Kenntnis gebracht wurden – in den Formen genauer Nachforschung und Erörterung, wie sie in den Kloster- und Kathedralschulen gepflegt und verfeinert und an die sich rasch entwickelte weltliche Bürokratie weitergegeben wurden –, dann traf die volle Strafgewalt alle, die der Ketzerei verdächtig waren. Die Schlacht gegen die Katharer und in geringerem Ausmaß gegen die Waldenser in Südfrankreich zog sich bis ins 14. Jahrhundert hinein und brachte einen der versiertesten Inquisitoren alter Schule, den Bischof Jacques Fournier von Pamiers, hervor (später als Benedikt XII. zum Papst gewählt), dessen Verhöre unter anderem das gesellschaftliche Beziehungsgeflecht im Pyrenäendorf Montaillou offenlegten. Die neu erworbenen Erfahrungen der Inquisition übten ihre Wirkung auch auf andere Länder und Gruppen aus, wie etwa auf die Anhänger Wyclifs, die Lollarden, im England des 14. und 15. Jahrhunderts sowie auf die böhmischen Hussiten im 15. Jahrhundert.

Inquisition in Spanien

Noch im Zeitalter des IV. Laterankonzils erreichte die päpstliche Inquisition auch Spanien. Wegen der starken dynastischen Interessen des Aragonesischen Königshauses in Südfrankreich, namentlich in Montpellier, war es nachgerade unvermeidlich, dass sich katharische und waldensische Ideen auch in Katalonien ausbreiteten. Bereits im Oktober 1194 hatte Alfons II. anlässlich eines Konzils zu Lérida (Lleida) erklärt, Häresie sei ein Majestätsverbrechen, sprich Hochverrat, und mithin ein direkter Angriff auf die Krone. In den ersten Jahren des 13. Jahrhunderts ließ Alfons' Nachfolger Peter II., der 1213 im Albigenserkrieg bei Muret eine spektakuläre Niederlage gegen die Franzosen erlitt, die zunehmenden Aktivitäten der Inquisition noch durch bischöfliche Gerichte kontrollieren. Sein Nachfolger aber, Jakob I., schloss sich den Maßnahmen Gregors IX. von 1232/33 an und erlaubte die Einrichtung »professioneller« Inquisitionstribunale in seinem Machtbereich. Von da an folgte der Kampf gegen die Häresie in Katalonien und Aragón weitestgehend den Mustern im übrigen Westeuropa. Das benachbarte und größere Königreich Kastilien schloss sich erst einige Jahrzehnte später vollständig der Inquisition an. In dieser Phase waren jedoch in erster Linie Juden und konvertierte Juden – und nicht die Häretiker innerhalb der bestehenden Kirche – Ziel von Verängstigung und Repression.

Feuerprobe der Bücher: Pedro Berruguete, Das Wunder des hl. Dominikus, nach 1483 (Madrid, Prado). Das ketzerische Buch verbrennt, das rechtgläubige schwebt über dem Feuer.

DRITTES KAPITEL
Juden und Conversos in Spanien

Juden und Christen in der Zeit des frühen Christentums
Konflikte zwischen jüdischen Christen und Konvertiten aus anderen Religionen werden bereits in den neutestamentlichen Schriften erwähnt. Der Apostel Paulus vertrat die Auffassung, dass nicht-jüdische Christen nicht beschnitten werden müssten und sich auch nicht nach dem jüdischen Gesetzbuch, der Thora, zu richten hätten, etwa bei den Speisevorschriften. Je mehr sich Paulus' Ansichten durchzusetzen begannen, desto unvermeidlicher musste es zu einem Bruch zwischen der neuen christlichen Kirche und dem Judentum kommen, auch wenn Paulus selbst die Juden als Gottes »auserwähltes Volk« ausdrücklich anerkannte (Röm. 9–11). Im 1. und 2. Jahrhundert unserer Zeitrechnung berichten Texte, die dann als Neues Testament zusammengefasst wurden, die vier Evangelien und die Apostelbriefe, von zunehmend erbitterten und gewalttätigen Konflikten zwischen der jetzt weitgehend nicht-jüdischen Kirche und dem Judentum. In dieser Situation gestaltete sich die Lage von Christen, die vorher Juden gewesen waren, ganz besonders schwierig, und die gesamte Geschichte der jüdisch-christlichen Beziehungen im mittelalterlichen und modernen Spanien, und auch die der Inquisition, sollte von diesem Problem beherrscht werden. Seit dem Beginn des 2. Jahrhunderts, als man in der katholischen Kirche »Orthodoxie« gegen »Häresie« abgrenzte, begannen christliche Autoren damit – trotz der Skrupel des Apostels Paulus – die Juden und das Judentum nahezu übereinstimmend negativ zu schildern. Jetzt galten die

Juden wegen ihrer Rolle bei der Passion und dem Tod Christi als Mörder des Heilands, und man nannte sie nach den Worten Jesu im Johannes-Evangelium (8,44) »Kinder des Teufels«. Obwohl die hebräischen Schriften von den Christen immer noch als göttlich inspiriert und offenbart angesehen wurden, verbannte man jeglichen anderen jüdischen Einfluss aus dem kirchlichen Leben. Die Schriften großer Theologen und Geistlicher, der später so genannten Kirchenväter und anderer Autoren, wie etwa Origenes (Alexandria, ca. 185–254) oder Johannes Chrysostomos (Konstantinopel, ca. 347–407), brandmarken die Juden als Feinde des Menschengeschlechts, und es entstand in der frühchristlichen Kirche eine ganz neue Gattung antijüdischer Literatur (*Adversus Judaeos*). Im Westen war Augustinus von Hippo (vgl. Kapitel 1) für die meisten Kirchenleute der wichtigste Gewährsmann dafür, wie man Juden zu behandeln habe. Als sich die Kirche über das spätrömische Reich und seine Nachfolgestaaten im Westen verbreitete, hatte sie das »Problem«, dass die jüdische Religion nicht aussterben wollte. Trotz der Zerstörung des Tempels von Jerusalem durch die Römer im Jahre 70 n. Chr. und obwohl das Reich vom Heidentum zu einer Form des Christentums überging, blieben die Juden präsent und praktizierten im Mittelmeerraum und noch über ihn hinaus, ein sich stetig weiterentwickelndes, lebendiges Judentum – mit der Synagoge und dem häuslichen Bereich als Mittelpunkt und unter der Führung von Rabbinen, die freilich im eigentlichen Sinne keine Priester waren. Genauso, wie Augustinus seine eigene religiöse Identität gegenüber christlichen »Häresien« klären musste, fühlte er sich von den historischen Fakten und der Heiligen Schrift gedrängt, sich mit der Realität des Judentums seiner eigenen Zeit auseinanderzusetzen. Trotz der aggressiven und bisweilen paranoiden rhetorischen Exzesse einiger zeitgenössischer Kirchenführer – es darf nicht vergessen werden, dass der Bischof von Hippo selbst ein meisterhafter Rhetoriker war –, kam Augustinus nicht umhin, die ungebrochene Vitalität des Judentums zur Kenntnis zu nehmen und nicht zuletzt ihre Fähigkeit, aus der heidnischen Bevölkerung und sogar aus den Reihen der Christen Konvertiten für sich zu gewinnen. Augustinus führte somit einen Zweifrontenkrieg: Gegenüber den antikatholischen Häretikern, die zum Teil das Alte Testament verwarfen, weil die christliche Religion allein vom Heiligen Geist inspiriert sein sollte, beharrte er – wie auch Paulus – auf der Überzeugung, die Juden seien wahrhaftig das auserwählte Volk Gottes; den Juden seiner Zeit warf er dagegen vor, sie seien blind und fehlgeleitet in ihrer Weigerung, Jesus als Sohn Gottes und Erlöser der Welt anzuerkennen. Allerdings billigte Augustinus den Juden für die Gegenwart und die Zukunft eine positive Rolle zu: Ihr beharrliches Festhalten am Gesetz (Thora), am Bund zwischen Gott und Moses am Berg Sinai – jetzt freilich ersetzt durch das Kreuzesopfer des Erlösers – sei in jedem Falle gottgewollt. Die Juden konnten damit den Christen als Zeichen und Warnung dienen und sie in ihrem Glauben bestärken – durch ihre Geschichte und durch ihre Verfehlungen und Schwächen. Deshalb sollten die Juden in einer christlichen Gesellschaft nur eingeschränkte Rechte genießen, man sollte sie aber nicht töten oder massenhaft zum Christentum bekehren, jedenfalls so lange nicht, bis sich das Ende der Welt mit der zweiten Ankunft Christi und dem Jüngsten Gericht ankündigte.

Das westgotische Spanien und die Juden

Zu Augustinus' Lebzeiten, zwischen 370 und 430, zerfielen die Westprovinzen des Römerreiches, und es entstanden im Zuge der Völkerwanderung zahlreiche »Nachfolgestaaten«. Zu den wichtigsten dieser meist von germanischen Völkern getragenen Staatsgebilde zählte das Westgotenreich. Seit 376 wurden germanische Goten ins Römische Reich aufgenommen. Der westliche Zweig des gotischen Volkes, die Wisigothen (Westgoten), der 410 Rom geplündert hatte, sicherte sich die Herrschaft über Südgallien (mit Toulouse) und nachfolgend über die Iberische Halbinsel; andere in Spanien ansässige germanische Invasoren, die Vandalen und Sueben, sowie die einheimische hispanoromanische Bevölkerung wurden der westgotischen Herrschaft unterworfen. Zwischen dem ausgehenden 5. Jahrhundert und der muslimischen Invasion von 711 wurde die Iberische Halbinsel von westgotischen Königen regiert, und ihre Residenz Toledo entwickelte sich zum kirchlichen und weltlichen Zentrum des Reiches. Anfangs übernahmen die westgotischen Herrscher eine als Arianismus (nach Arius; gest. 336) bekannte Version des Christentums und versuchten, ihren Untertanen diese Glaubensrichtung aufzuzwingen. Arius war möglicherweise Libyer; er verwarf den später ins katholische Glaubensbekenntnis aufgenommenen Lehrsatz, Jesus sei Gott und Mensch in Einem, weil er vor seinem Dienst auf Erden von Gottvater erschaffen worden sein musste. Nach vielen Debatten unter Klerus und Laien trat König Rekkared im Jahre 587 zum athanasianischen Christentum, dem katholischen Glauben, über. Nachdem schließlich das Dritte Konzil von Toledo (589) die arianische »Häresie« verworfen und per Gesetz abgeschafft hatte, um der katholischen Orthodoxie zum Durchbruch zu verhelfen, geriet die bedeutende jüdische Gemeinde in Spanien unter zunehmenden Druck.

Unter den Herrschern der »barbarischen« Reiche nahmen die westgotischen Könige eine Sonderstellung ein, weil sie in ihren Herrschaftsgebieten das Gesetzgebungsrecht der römischen Kaiser beibehielten und damit dem alten System zu einer beträchtlichen Kontinuität verhalfen. Auch arbeiteten sie eng bei der landesweiten Durchsetzung der katholischen Glaubenslehre mit den Bischöfen zusammen, und im 7. Jahrhundert gestalteten sich ihre von den Toledaner Kirchenkonzilien verkündeten antijüdischen Dekrete immer repressiver und radikaler. Seit der Konversion Rekkareds scheint das Hauptziel der einschlägigen westgotischen Gesetzgebung in der Eingliederung der Juden in die christliche Welt bestanden zu haben. Das Dritte Konzil von Toledo (589) bestimmte, dass Juden keine christlichen Frauen oder Konkubinen und keine christlichen Sklaven haben dürften und von öffentlichen Ämtern auszuschließen seien. König Sisibut (612–621) erließ ein möglicherweise folgenloses Gesetz, nach dem alle Juden unverzüglich getauft werden sollten, während das Sechste Konzil von Toledo verkündete, der gegenwärtige König, Chintila (636–639), dulde niemanden in seinem Königreich, der nicht katholischer Christ sei. In seinem weltlichen Gesetzbuch von 654 verbot König Rekkeswinth die wichtigsten jüdischen rituellen Praktiken, wie Beschneidung, Speisegesetze und Heiratsriten, sowie das Passahfest. Unter König Egica (687–702) wurden alle Juden durch Gesetz zu Sklaven, mit Ausnahme der Juden in der Provinz Narbonne an der Nordostgrenze zum Frankenreich. Die Motivation dieser Gesetze sowie ihre Effektivität sind umstritten. Die westgotische Obrigkeit scheint, um es gelinde auszudrücken, nicht sonderlich gefestigt im katholischen Glauben gewesen zu sein, zudem verraten die äußerste Strenge und die beständige Wiederholung gesetzlicher Bestimmungen die weitgehende Wirkungslosigkeit ihrer Gesetze. Wie dem auch sei, diese versuchte Unterdrückung durch einen bereits geschwächten und im Niedergang begriffenen Staat wirkte sich auf zweierlei Weise nachhaltig auf die spanische Geschichte aus: Zum einen gab die westgotische anti-jüdische Gesetzgebung dem Mittelalter einen unheilvollen

Präzedenzfall in die Hand, zum anderen schuf die Geschichte von einem – durchaus verständlichen – jüdischen Interesse an einem Herrschaftswechsel im 8. Jahrhundert die langlebige und fatale Legende, die Juden hätten im Jahre 711 Spanien den Muslimen ausgeliefert.

Die Herrschaft der Muslime

Ende April 711 führte der muslimische Truppenführer Tarik eine kleine Streitmacht über die Meerenge, die Afrika von Spanien trennt. Er besetzte das felsige Vorgebirge, das unter den Griechen und Römern als Säulen des Herkules bekannt war, seitdem aber den Namen des muslimischen Eroberers trägt, Gibraltar, *Jebel al-Tariq*. Es ist unklar, ob es Tariks ursprüngliche Absicht war, Spanien zu erobern oder nur einen Raubzug durchzuführen, aber sein Erfolg war so spektakulär, dass sein Oberbefehlshaber, Musa ibn Nusair, sogleich weitere Truppen zur Verstärkung herbeiführte. Der westgotische Widerstand war schwach und schlecht koordiniert, und das muslimische Heer eroberte nicht nur die ehemals römische Kolonie Córdoba, sondern auch die westgotische Hauptstadt Toledo. Innerhalb dreier Jahre war die Iberische Halbinsel, bis auf einen Streifen im Westen und im Norden, ein Land der islamischen Welt geworden, die sich damit vom Zweistromland bis zur spanischen Atlantikküste erstreckte. Anfangs regierten Muslime aus Arabien, Syrien und Nordafrika das neu eroberte Spanien als Emirat mit der Hauptstadt Córdoba, die seit 756 von Nachkommen der aus ihrem syrischen Kernland vertriebenen Kalifendynastie der Omayyaden beherrscht wurde. Im Jahre 929 errichteten die Omayyaden ihr machtvolles Kalifat, das aber nur bis 1031 bestand. Es herrschte eine kleine muslimische Elite über eine christliche Mehrheits- und eine jüdische Minderheitsbevölkerung, und zwar nach Prinzipien, die sich herausgebildet hatten, als die Anhänger des Propheten Mohammed (ca. 570–632) von Arabien aus in die hochentwickelte griechisch-römischen Stadtkulturen des östlichen Mittelmeerraumes und Nordafrikas vordrangen. Die Basis der Koexistenz zwischen Muslimen und den anderen »Buchvölkern«, den Juden und Christen, die sich beide auf den Stammvater Abraham und die Verehrung der hebräischen Schriften beriefen, war bereits im Osten gelegt worden, noch vor der islamischen Eroberung Spaniens. Omar, der Nachfolger Mohammeds als Kalif der Gläubigen zwischen 633 und 644, gab seinen Namen einem vertraglichen Abkommen mit Juden und Christen, das jedoch wohl erst unter Omar II. (717–720) geschlossen wurde. Dieser »Omarsbund« lieferte im Mittelalter bis in die Neuzeit hinein den Rahmen für die Beziehungen zwischen den Muslimen und der jüdischen und christlichen Bevölkerung in islamischen Herrschaftsgebieten. Gemäß seinen Bestimmungen hatten Juden und Christen als »geschützte Völker« oder *Dhimmis*, Glaubensfreiheit sowie Selbstverwaltung in einer Reihe religiöser und gesellschaftlicher Angelegenheiten durch ihre Rabbinen oder Bischöfe. Allerdings durften sie keine neuen Synagogen oder Kirchen bauen, sondern nur bereits existierende Gebetsstätten ausbessern, die dann nicht höher aufragen durften als benachbarte Moscheen. Besonders bedeutungsvoll für das Leben von Juden und Christen unter islamischer Herrschaft – in Spanien und andernorts – ist eine Vorschrift (die sicherlich nicht auf Kalif Omar I. zurückgeht), dass die nichtmuslimischen Glaubensgemeinschaften zusätzlich zu den üblichen Abgaben eine Kopfsteuer (*jizya*) zu entrichten haben, die von den muslimischen Gläubigen nicht erhoben wurde. Zwischen dem 8. und dem 10. Jahrhundert vollzog sich unter der nichtmuslimischen Bevölkerung Spaniens ein langsamer Prozess des Übertritts zum

Islam, jedoch ohne Nötigung und Gewalt, von einigen Ausnahmen abgesehen, wie beispielsweise der Verfolgung des heiligen Eulogius, seines Schülers Álvaro und der Märtyrer von Córdoba, überzeugter Christen, die wegen Verunglimpfung des islamischen Glaubens Mitte des 9. Jahrhunderts hingerichtet wurden. In der Zwischenzeit formierte sich im Norden der Halbinsel eine christliche Rückeroberungsbewegung, die als »Reconquista« in die Geschichte eingegangen ist.

Die Reconquista

Da es den Muslimen nie gelungen war, die gesamte Halbinsel unter ihre Kontrolle zu bringen, bestand immer die Möglichkeit, dass die nicht unterworfenen Christen im Norden versuchen könnten, die verlorenen Gebiete zurückzugewinnen. Um 1040, als das Kalifat von Córdoba bereits in verschiedene kleinere Königreiche oder Emirate, die so genannten *taifas*, zerfallen war, befand sich bereits ein Drittel der Halbinsel in christlicher Hand. Der Vorstoß nach Süden begann an der kantabrischen Küste in der Region um Cangas de Onís, die die Christen schon im Jahre 722 zurückerobert hatten. Im Laufe des 8. und 9. Jahrhunderts entwickelte sich dieser kleine christliche Stützpunkt zum Königreich Asturien. In dieser Zeit liegen auch die Anfänge der späteren Königreiche Navarra und Aragón im Gebiet der westlichen und zentralen Ausläufer der Pyrenäen. Im Nordosten der Halbinsel, dem heutige Katalonien, annektierte das Frankenreich unter Karl dem Großen und seinen Nachfolgern weitere Territorien und konstituierte dort eine Pufferzone zwischen dem christlichen Europa und der islamischen Welt (man hat sie später fälschlich als »Spanische Mark« bezeichnet). Gerade als Karl der Große im 9. Jahrhundert der muslimischen Macht im entstehenden Katalonien einen Riegel vorschob, begannen weiter im Westen christliche Spanier mit ihrem Aufbruch nach Süden, vom feuchten, grünen Bergland Kantabriens in die trockene Meseta, das zentrale Hochplateau der Halbinsel. Diese Vorstöße ließen eine christliche Südexpansion als reale Möglichkeit erscheinen, und gegen Ende des 12. Jahrhunderts hatten sich dann auch die christlichen Königreiche Kastilien und León herausgebildet.

Die Gesellschaft in diesen (rück-)eroberten Gebieten war notwendigerweise vom Gebot einer permanenten militärischen Bereitschaft geprägt sowie von einem militanten katholischen Christentum, das sich genötigt fühlte, mit Stärke und Wachsamkeit auf die militärische Macht des Islam und auf den kulturellen Einfluss des Judentums zu reagieren. Die neu eroberten Grenzstädte erhielten Stadtrechte (*fueros; furs* im Katalanischen), die zumindest theoretisch bis in die frühe Neuzeit hinein Gültigkeit besaßen. Auch wenn man die Fueros, ebenso wie die aufkeimenden Staatswesen, die sie erließen, als »feudal« im weitesten Sinne beschreiben kann, waren sie von ihrem Wesen her nur in begrenztem Maße hierarchisch strukturiert. Weite Teile Nordspaniens waren in dieser Periode nur dünn besiedelt und kaum landwirtschaftlich genutzt und dienten eher als Durchzugsgebiete für muslimische und christliche Heere. Wie auch im amerikanischen Westen des 19. Jahrhunderts hatten sich dort bereits Siedler niedergelassen, bevor sich eine königliche und kirchliche Verwaltung etablieren konnte. Unter solchen Grenzlandbedingungen war es in der Praxis unmöglich, eine genaue Trennung zwischen Rittern, die zu Pferde kämpften, und Bauern (*villanos*), die das Land bestellten und gelegentlich als Fußsoldaten eingesetzt wurden, durchzuführen, wie es im übrigen Europa jener Zeit üblich war. In den spanischen Grenzregionen entstand so das neue Konzept der *caballeros villanos* oder »Dorfritterschaft« (auch *caballería popular* genannt).

Synagoge in Toledo (13. Jahrhundert), nach der Judenvertreibung in eine Kirche umgewandelt (Santa María la Blanca).

Diese Grenzlandbauern bestellten das Land, trieben Handel und wurden auch als berittene Kämpfer eingesetzt. Die Grenzstädte und ihr Umland waren jedoch nicht durchgängig christlich. Somit musste die damals entstehende und für die spätere spanische Geschichte höchst wirksame »Reconquista-Ideologie« auch einen Platz für Muslime und Juden finden.

In einigen Bereichen war Pragmatismus das Gebot der Stunde. Im 12. und 13. Jahrhundert beispielsweise wurde die Benutzung städtischer oder privater Badehäuser in kastilischen und aragonesischen Städten von den beiden Geschlechtern und den drei Religionen wahrgenommen. So scheinen etwa in Teruel in Aragón christliche, muslimische und jüdische Frauen das Bad montags und mittwochs ungeachtet der Relionszugehörigkeit geteilt zu haben, während in zahlreichen Städten christliche Männer getrennt von muslimischen und jüdischen badeten. Es gab Bestrebungen, die Bäder am Freitag und Samstag Muslimen und Juden zu öffnen; in Teruel und in Albarracín waren die öffentlichen Bäder jedoch sonntags »zu Ehren der Auferstehung« geschlossen. Dagegen finden sich in den Rechtsbüchern (*usatges*) für Barcelona, nach dem Vorbild älterer christlicher Gesetzgebung, strenge Einschränkungen in Bezug auf soziale, insbesondere sexuelle Kontakte zwischen Christen, Muslimen und Juden. Hohe Geldstrafen drohten jedem Juden und Muslim, der versuchte, zum Christentum übergetretene ehemalige Glaubensgenossen wieder zu ihrem alten Glauben zurückzubringen. Bei sexuellen Beziehungen hatten christliche Männer etwas größere Freiheiten, christliche Frauen dagegen mussten nach den Gesetzen verbrannt werden, wenn sie der »Unzucht« mit Juden oder Muslimen überführt wurden. In Soria unterwarf man solche Frauen zunächst einer gerichtlichen Untersuchung oder »Inquisition«; ging aus der unerlaubten Beziehung ein Kind hervor, wurde die Mutter ausgepeitscht und aus der Gemeinde ausgestoßen. Solche Beschränkungen gab es auch im jüdischen Recht, das Männer und Frauen gleichermaßen bestrafte, wenn sie außerehelichen Geschlechtsverkehr vor allem mit Nichtjuden hatten; das islamische Recht bestrafte dagegen nur die Frauen. Diese Gesetze und die darin niedergelegten religiösen und sozialen Gepflogenheiten sollten einen starken Einfluss auf die spanische Geschichte in den folgenden Jahrhunderten ausüben.

Seit der zweiten Hälfte des 11. Jahrhunderts mündete der christliche Krieg gegen den Islam in Spanien, dessen beherrschende Symbolfigur der 1099 in Valencia verstorbene Cid (Rodrigo Díaz, »el Campeador«) war, in die allgemeine westliche Kreuzzugsbewegung. Die Feldzüge erhielten mittels der »Cruzada«, der immer wieder erneuerten Kreuzzugsbulle, den päpstlichen Segen, und einheimischen wie ausländischen Truppen, die sich am Krieg auf der Iberischen Halbinsel beteiligten, wurden Vorteile für ihr Seelenheil gewährt, ein so genannter »Ablass«, das heißt eine verkürzte Verweildauer der Seele im Fegfeuer versprochen. Zur gleichen Zeit kamen Mönche aus den französischen Reformorden, insbesondere aus Cluny, nach Spanien, arbeiteten eng mit den christlichen Herrschern zusammen, beteiligten sich an der Erschließung des Pilgerwegs nach Santiago de Compostela und machten die spanische Kirche mit den neuesten Entwicklungen nördlich der Pyrenäen vertraut. Im Jahre 1085 eroberte Alfons VI. von Kastilien und León (ca. 1040–1109) die frühere westgotische Hauptstadt Toledo. Diese große Stadt, ein wichtiges Symbol der Reconquista, entwickelte sich in der Folgezeit zu einem Zentrum des sozialen und kulturellen Austauschs zwischen Christen, Juden und Muslimen. Im 12. Jahrhundert stellten zwei aufeinanderfolgende nordafrikanische Dynastien, die Almoraviden (1090–1146) und die Almohaden (1157–1212), die alte islamische Machtposition zumindest zeitweilig wieder her. Nach der erfolgreichen Eroberung von Toledo verstrickten sich die christlichen Staaten zunehmend in Zwistigkeiten und Konflikte, bis eine eindrucksvolle Allianz zwischen Kastilien-León und Aragón-Katalonien unter Führung ihrer jeweiligen Könige, Alfons VIII. und Peter II., im Verein mit ausländischen Kontingenten am 16. Juli 1212 einen spektakulären Sieg über die Almohaden bei Las Navas de Tolosa errang und damit den Weg in das muslimische Kernland Andalusien eröffnete. Weitere Zerwürfnisse im christlichen Lager und der Tod Peters von Aragón in der Schlacht von Muret 1213 gegen das antikatharische Kreuzheer Simons von Montfort verhinderten zwar die unmittelbare Nutzung des Erfolgs, es hatte sich aber eine nicht mehr rückgängig zu machende Wende eingestellt.

Im 13. Jahrhundert stießen alle drei Grenzstaaten nach Süden vor: Portugal in die Algarve; Kastilien-León mit der Einnahme Córdobas 1236 und Sevillas 1248 ins westliche Andalusien; Aragón-Katalonien ins muslimische Königreich Valencia und zu den Balearen. Mit der Begründung der muslimischen Herrschaft in Granada blieb die neue Grenze nahezu unverändert bis zu Ferdinands und Isabellas Sieg im Jahre 1492. In manchen Historikerkreisen ist es üblich, die Periode zwischen 1000 und 1350 als das »Goldene Zeitalter« der Koexistenz (spanisch *convivencia*) zwischen Christen, Muslimen und Juden unter christlicher Herrschaft zu bezeichnen, im Sinne einer Duldung religiöser Unterschiede und eines Verzichts auf Verfolgung und Gewalt. Die Regelungen in den spanischen Gesetzbüchern vom 11. bis zum 13. Jahrhundert haben indessen bereits gezeigt, dass eine solche »Toleranz« aufs engste begrenzt war, wenn sie denn überhaupt existierte. Die wichtigste Persönlichkeit aber, die man üblicherweise als Beispiel und Symbol für das mittelalterliche Spanien als »Land der drei Religionen«

anführt, ist König Alfons X. mit dem Beinamen »der Weise« oder »der Gelehrte« (*El Sabio*), der Kastilien-León zwischen 1252 und 1284 regierte.

Alfons X. bediente sich umfassend der immer intensiveren Kontakte zum Europa nördlich der Pyrenäen und übernahm als Erbe der Staufer die damals verbreiteten »imperialen« Prinzipien monarchischer Herrschaft, die sich namentlich in Frankreich und Deutschland zu entwickeln begannen. Im Jahre 1257 brachte er sich sogar als Kandidat für die Kaiserwahlen im Heiligen Römischen Reich ins Spiel, freilich vergeblich. In Wahrheit war Alfons' Regierungszeit konfliktreich und nur mäßig erfolgreich. Selbst sein großes siebenteiliges Gesetzbuch, die *Siete Partidas*, wurde zunächst von den Cortes, dem kastilischen Parlament, abgelehnt und trat erst 1348 in Kraft. Dennoch kann der klare Aufbau und der Inhaltsreichtum des Gesetzbuches dazu dienen, die herrschenden Vorstellungen der religiösen Unterschiede und Meinungsverschiedenheiten sowie deren rechtliche Behandlung zu illustrieren. Der grundlegende politische Gedanke hinter den *Partidas* und der sonstigen Gesetzgebung König Alfons X., wie etwa den königlichen Stadtprivilegien (*Fuero Real*), besagte, dass der König gegenüber seinen Untertanen unmittelbar Gott repräsentiert und deshalb für ihr religiöses und gesellschaftliches Wohlergehen die volle Verantwortung im Namen Gottes trägt. Bezeichnenderweise war der Abschnitt der *Partidas* über Muslime und Juden nach den Vorstellungen des bedeutenden dominikanischen Kanonisten und Advokaten der Inquisition, Raymund von Peñafort (ca. 1180–1275), ausgerichtet. Die strengen Gesetze hinsichtlich sexueller Beziehungen über die Grenzen der religiösen Gemeinschaften hinweg wurden nachdrücklich bestätigt, und obwohl die Gerichtsverfahren innerhalb der Gemeinden den muslimischen und jüdischen Richtern überlassen blieben, behielt Alfons alle religionsübergreifenden Rechtsangelegenheiten den christlichen Gerichten vor. In Bezug auf den Glauben und die religiösen Praktiken bestätigten die *Partidas* den Muslimen und Juden religiöse Freiheit. Beide Glaubensgemeinschaften unterstanden, im Gegensatz zu den Christen, nicht der Rechtsprechung der Inquisition, auch wenn das Gesetzbuch die Juden als einen »kläglichen Rest« bezeichnet, der – ganz im Sinne von Augustinus – von den christlichen Herrschern »erduldet« werden muss, während der Islam als »Beleidigung Gottes« beschrieben wird. Die traditionellen rechtlichen Einschränkungen beim Bau von Synagogen und Moscheen wurden bekräftigt, und das Verbot für Juden und Muslime, Konvertierte (Proselyten) zu behelligen, blieb in Kraft. Unheilvoll für die Zukunft wirkte sich das Verbot aus, christenfeindliche Bücher zu besitzen; Juden und Muslimen war bei strenger Strafe verboten, die christliche Religion, etwa beim Würfelspiel, zu schmähen, auch unterstellte man ihnen den Raub christlicher Kinder, um sie rituell zu ermorden, obwohl keinerlei Beweise für diese Anschuldigung beigebracht werden konnten. Die Christen dagegen wurden ermuntert, gewaltlose Bekehrungen vorzunehmen, und man ergriff Maßnahmen, Muslime und Juden davon abzuhalten, Konvertierte wieder zu ihrem alten Glauben zurückzuholen. Diese Gesetze waren ein schlüpfriger Boden und boten in späteren Jahrhunderten der Inquisition die Möglichkeit, sich in die Angelegenheiten jüdischer und muslimischer Gemeinden einzumischen.

Zeit der Krise und der Pest

Das »lange« 14. Jahrhundert zwischen 1280 und 1410 gilt gemeinhin als eine Periode der politischen, sozialen und ökonomischen Krise in Westeuropa. Während Kastilien bestrebt war, seine gewaltigen territorialen Zugewinne der Jahre 1212 bis 1250 zu konsolidieren, und Aragón-Katalonien dabei war, ein maritimes Handelsimperium im westlichen Mittelmeerraum unter Einschluss der Balearen, Sardiniens und Siziliens zu errichten, ergaben sich zwischen beiden Reichen beträchtliche politische und soziale Konflikte. In den ersten Jahrzehnten des 14. Jahrhunderts wurde die Halbinsel zudem von Naturkatastrophen und Epidemien heimgesucht. Die Iberische Halbinsel scheint den 1315–1317 in Westeuropa wütenden Hungersnöten entgangen zu sein, aber in den 1330er und 1340er Jahren gab es auch hier schlechte Ernten und Seuchen, und auch die Klimaverschlechterung machte sich bemerkbar. Im Jahre 1351 erreichte die Beulenpest, die seit 1347 ihren Zug durch Europa angetreten hatte, schließlich auch die Iberische Halbinsel. In den meisten Ländern raffte die Pest mindestens ein Drittel, bisweilen die Hälfte der Bevölkerung dahin. Früher glaubte man, nur Katalonien im Nordosten sei von der Seuche stark betroffen gewesen, inzwischen aber weiß man, dass die Pest auf der gesamten Halbinsel gewütet hat. Wie auch anderswo führte der massive Bevölkerungsrückgang zu recht gewaltsamen Korrekturen der politischen, sozialen und wirtschaftlichen Verhältnisse. Minderheiten, namentlich die Juden, hatten ganz besonders unter diesen angespannten Umständen zu leiden. In der zweiten Hälfte des 14. Jahrhunderts waren alle Königreiche der Halbinsel, am wenigsten noch das muslimische Königreich Granada, beinahe ununterbrochen in Kriege verwickelt, und zwar auf drei sich überschneidenden Ebenen: Aragón und Kastilien kämpften mit diplomatischen und militärischen Mitteln um die Vorherrschaft auf der Halbinsel; ab den 1340er Jahren wurden Spanien und Portugal in den Konflikt zwischen England und Frankreich, den so genannten »Hundertjährigen Krieg« hineingezogen; in den 1350er und 1360er Jahren gab es Bürgerkriege in Kastilien, als der regierende Monarch Peter der Grausame versuchte, den Thron gegen seinen Bastardbruder, den Grafen Heinrich von Trastámara, zu verteidigen.

Judenfeindschaft

In diesem Krieg, im Mai 1355, nahmen Heinrichs Truppen Toledo ein und griffen das Judenviertel Alcaná an. Auch wenn man das unter normalen Umständen als einen typischen Gewaltakt im Rahmen des mittelalterlichen Belagerungskrieges deuten könnte, bei dem die Prinzipien des »gerechten Krieges« keine Anwendung fanden, so wird doch klar, dass in diesem Falle die Juden das eigentliche Ziel waren. Es gab durchaus einen politischen Grund, die Juden zu attackieren, denn Heinrich und seine Rebellen rechtfertigten ihren Kampf gegen den legitimen König damit, dass er sich zu wohlwollend gegenüber den nichtchristlichen Minderheiten verhalten habe. Mit französischer Hilfe gewann Heinrich schließlich den Bürgerkrieg, nachdem er Peter bei vorgetäuschten »Verhandlungen« in einem Zelt bei Montiel nahe Toledo am 13. März 1369 hatte ermorden lassen. Der Graf von Trastámara ließ sich als Heinrich II. krönen. Es scheint kein Zufall gewesen zu sein, dass Toledo selbst, wo der Angriff auf die Juden stattgefunden hatte, bis zum Juni des folgenden Jahres dem Usurpator Widerstand leistetet. Auch wenn das neue Trastámara-Regime bald zur Politik der früheren, aus Burgund stammenden Dynastie zurückkehrte und trotz Protesten der größeren Städte auf den Cortes weiterhin Juden als Verwalter und Steuereinnehmer einsetzte, war doch ein unheilvoller Präzedenzfall geschaffen worden. Rückblickend wird deutlich, dass sich die Bedingungen für jüdisches Leben stetig verschlechterten, seit Trastámara seine Anschuldigung geäußert hatte, sein Gegenspieler habe die Juden über Gebühr favorisiert, um seine politischen Ziele zu erreichen. Es trifft zu, dass es nicht zuletzt in Kastilien antijüdische Ressentiments in den schwierigen ersten Jahrzehnten des 14. Jahrhunderts gab. Im Jahre 1312 hatte das Konzil von Zamora die jüngsten kirchlichen Restriktionen gegenüber Juden in die Gesetze des Königreiches aufgenommen, und die Proteste der Cortes gegen jüdische Steuereinnehmer waren schon in der Regierungszeit von Peters Vorgänger, Alfons XI. (1312–1350), immer lauter geworden. Peters auffällige Unterstützung für den Bau einer neuen Synagoge in Toledo durch den königlichen Oberschatzmeister Samuel Halevi um 1357 – nach Heinrichs Übergriffen auf die jüdische Gemeinde der Stadt – mag zusätzlich noch die starken Ressentiments in einigen Kreisen angeheizt haben; letztlich aber bleibt die »Judenfreundlichkeit« des Königs unbewiesen. Unzweifelhaft ist indessen, dass antijüdische Gefühle in den politischen und sozialen Umwälzungen der letzten drei Jahrzehnte des 14. Jahrhunderts immer breiteren Raum einnahmen, und dass im Sommer des Jahres 1391 die christlich-jüdischen Beziehungen auf der Halbinsel in eine neue und düstere Phase eintraten.

In diesem Jahr fungierte der Archidiakon von Écija, Ferrán Martínez, als Administrator während der Vakanz der reichen und mächtigen Erzdiözese Sevilla. Er war bereits bekannt wegen seiner aggressiven judenfeindlichen Predigten; im Jahre 1391 aber, vielleicht, weil ihm seine Stellvertretung größere Macht und Freiheit gewährte, gelang es ihm, zu direkter physischer Gewalt gegen die Juden Sevillas aufzurufen. Zwischen dem 6. Juni und Mitte August griffen die Gewaltakte gegen Juden von Andalusien aus auch nach Nord- und Ostspanien über. Juden in Sevilla, Córdoba, Ciudad Real, Toledo und Logroño in Kastilien, in Orihuela, Alicante, Valencia, Barcelona und Jaca in Aragón-Katalonien verloren ihr Eigentum, erlitten Brandschatzung, Gewalt und Mord. Die meisten Bewohner dieser Gemeinden oder *aljamas* flohen aus den größeren Städten in kleinere Orte oder traten zum Christentum über. Diejenigen, die als Juden an Ort und Stelle zurückblieben, wurden in Kastilien und Aragón gesetzlichen, politischen und gesellschaftlichen Repressionen unterworfen, die sie schließlich zur Annahme des Christentums zwangen. Eine Besonderheit besteht jedoch: Im Unterschied zu den meisten Gebieten Europas, wo ebenfalls starke antijüdische Ressentiments bestanden und die wenigen Konvertiten vom Judentum zum Christentum nach Aussage der frühen Belege normalerweise nicht gut behandelt wurden, scheint es in den Ländern der Iberischen Halbinsel so gewesen zu sein, dass die Zehntausenden von Konvertiten zwischen 1390 und 1420 vergleichsweise problemlos in die christliche Mehrheit eingegliedert wurden. Nach den Modellen monastischer und päpstlicher Reformer des 11. und 12. Jahrhunderts in der Nachfolge der früheren Kirchenväter erfolgte der Übertritt zum Christentum nicht einfach durch den Taufakt, sondern es war ein langer, schwieriger und schmerzlicher Prozess. Augustinus selbst verglich Gott mit einem »lachenden Folterer«, eine Vorstellung, die dann von den Inquisitoren weiterentwickelt wurde. Die vom Judentum zum Christentum Konvertierten, die *confesos* oder *conversos*, erhielten in der Anfangszeit Zugang zu gesellschaftlichen Bereichen, die ihnen vorher verschlossen gewesen waren, stiegen in höhere Ämter auf, absolvierten die Universität, wurden Mitglieder in Handelsgilden und erhielten vor allem Kirchenämter. Diese auf den ersten Blick günstige Situation änderte sich jedoch, als es, wieder einmal in Toledo, 1449 zu einem Aufstand kam. Der Ausgangspunkt war wohl eine überzogene Steuer, die der Condestable Álvaro de Luna, der wichtigste und umstrittenste spanische Politiker der Epoche, im Namen Johanns II. von Kastilien erhoben hatte. Das Volk griff das Haus des verhassten Steuereinnehmers Alonso de Cota, eines Conversos, an und attackierte in der Folge die große Konvertitengemeinde der Stadt. Der Anführer der Revolte, Pero Sarmiento und sein juristischer Berater Marcos de García, genannt Marquillos, erließen ein so genanntes »Strafstatut«, nach dem die Conversos künftig von allen öffentlichen Ämtern wegen ihrer jüdischen Abkunft ausgeschlossen werden sollten. Obwohl die Krone rasch die Ordnung wiederherstellte und Papst Nikolaus V. (1447–1455) die Aufständischen und ihr Statut über die »Reinheit des Blutes« (*limpieza de sangre*) verdammte, sollte der Gedanke, die jüdischen Christen Spaniens seien immer noch vom Judentum befleckt und deshalb nicht vertrauenswürdig, noch lange in der spanischen Gesellschaft fortleben. In der Zwischenzeit wurde der Ruf nach einer Untersuchung laut, um ein für alle Mal die Frage zu klären, ob man die Conversos als Christen betrachten solle oder immer noch als Juden. Unter Klerikern, Universitätsgelehrten und Politikern kam es zu erbitterten Debatten über dieses Thema.

Als Johann II. (1406–1454) von seinem Sohn Heinrich IV. (1454–1474) als König von Kastilien abgelöst wurde, hörten die politischen Wirren in Kastilien nicht auf. Der Hauptkonflikt entstand zwischen Gruppierungen des Hochadels, die bestrebt waren, die Kontrolle über das Krongut und das Patronatsrecht der Krone zu gewinnen. Immer wieder kam es dabei zu Angriffen auf Conversos, so in Ciudad Real (1467) und in Córdoba (1473 und 1474); dabei ging es nicht nur um die Plünderung ihres Besitzes, sondern vor allem um ihre Entfernung aus dem öffentlichen Leben, weil sie in Wirklichkeit Juden seien. In dieser Periode politischer und sozialer Unruhen heiratete im Jahre 1469 König Heinrichs Halbschwester Isabella den aragonesischen Thronerben Ferdinand und machte sich daran, den Thron von Kastilien unter höchst zweifelhaften Umständen zu besteigen. Die neue »spanische Inquisition« war dabei, Wirklichkeit zu werden.

VIERTES KAPITEL
Die neue spanische Inquisition

Gegen die Conversos

Nachdem Rebellen einmal das Statut von der »Reinheit des Blutes« 1449 in Toledo eingeführt hatten, war der religiöse Charakter der Conversos zu einem politischen Problem geworden. Bei den inneren Auseinandersetzungen in Kastilien unter Heinrich IV. ging es bei der Agitation gegen die Conversos in erster Linie um deren Ausschluss von öffentlichen Ämtern mit der vorgeblichen Begründung, sie seien als Juden nicht verlässlich, in Wirklichkeit aber diente die Frage als Instrument im Konflikt der streitenden Parteien. Im Jahre 1465 ging eine Gruppe revoltierender Adliger in ihrem Manifest gegen den König und für seinen jüngeren Halbbruder Alfons so weit, die Einsetzung der Inquisition in Kastilien zu fordern. Inzwischen nämlich galten die Conversos – und nicht so sehr die in Spanien verbliebenen Juden – als Hauptfeind. In Übereinstimmung mit den Forderungen kirchlicher Propagandisten der zurückliegenden beiden Jahrzehnte verlangten die Adligen, dass die Diözesanbischöfe – wenn spezialisierte Inquisitionstribunale nicht eingerichtet würden – selbst die Verantwortung für die Ausmerzung der »judaisierenden« Häresie übernehmen müssten. In einigen Fällen reagierten die Conversos mit Gewalt. So drang beispielsweise am Sonntag, dem 19. Juli 1467, eine Gruppe bewaffneter Conversos während des Hochamtes in die Kathedrale von Toledo ein und beschuldigte die Anwesenden, keine wahren Christen zu sein; zwei Tage später kam es zum offenen Ausbruch von Gewalt. Nachdem man die Revolte niedergeschlagen hatte, führten weitere Störungen weiter südlich in Ciudad Real im Juni 1468 dazu, dass der König alle »Altchristen«, das heißt alle Nichtkonvertierten, in den Ämtern bestätigte, die man zuvor den jüdischen Christen genommen hatte. Am 14. Juli 1468 gewährte der König der Stadt Ciudad Real ein Statut, nach dem die Conversos von städtischen Ämtern ausgeschlossen werden konnten, und akzeptierte damit öffentlich die von den Toledaner Rebellen im Jahre 1449 geforderte Ausgrenzung. Obwohl der konvertierte Bischof Juan Arías Dávila von Segovia 1471 zwischen acht und siebzehn Juden wegen eines angeblichen Ritualmordes an einem christlichen Kind zum Tode verurteilte, blieben in den letzten Regierungsjahren Heinrichs IV. in Kastilien doch die Conversos das Hauptziel politischer und gesellschaftlicher Anfeindung.

Aufruhr in Córdoba

Das andalusische Córdoba erlebte in dieser Periode einen gewaltsamen Konflikt zwischen zwei Linien der Familie Fernández de Córdoba; der eine Clan wurde vom Grafen Cabra angeführt, der andere von Don Alonso de Aguilar. Es war der Eindruck entstanden, dass Don Alonso, der als oberster städtischer Amtsträger (*alcalde mayor*) die Führer der Cabra-Fraktion vertrieben hatte, die Conversos im öffentlichen und wirtschaftlichen Leben begünstigte und das sogar im Umfeld der Kathedrale (der ehemaligen Moschee). Die Opposition gegen ihn formierte sich insbesondere im Rahmen einer religiösen Bruderschaft, der »Bruderschaft von der Nächstenliebe« (*Cofradía de la Caridad*), deren Mitglieder »Altchristen« ohne einen Tropfen jüdischen Blutes sein mussten. Im März 1473 zogen die Brüder in einer Prozession mit einer Statue der Jungfrau durch die vorwiegend von Conversos bewohnten Straßen am Südende der

Calle de la Feria, der Nord-Süd-Achse der Stadt, die zugleich ein wichtiges Gewerbeviertel war. Als die Prozession die noch heute als La Cruz del Rastro bekannte Straßenkreuzung passierte, begoss ein Mädchen vom Balkon eines Conversohauses die Marienstatue mit einer Flüssigkeit. Es war vermutlich Wasser und geschah durch Zufall, aber die Brüder behaupteten sofort, es sei Urin gewesen und folglich die bewusste Schmähung der Jungfrau durch einen Converso. Ein führendes Mitglied der Bruderschaft, der Schmied Alonso Rodríguez, wiegelte sogleich Mitbrüder und andere Anwesende zur Rache an den Conversos des Viertels auf. Anfangs versuchten einige Stadtbewohner, allen voran der Knappe (*escudero*) Pedro de Torreblanca, dessen Familie Ämter in der Stadt bekleidete, der Gewalt Einhalt zu gebieten, aber Pedro wurde verwundet, und die Gewalttätigkeiten und Plünderungen dauerten an, bis der Alcalde Don Alonso in Person am Schauplatz des Geschehens erschien. Rodríguez wurde in die nahegelegene Franziskanerkirche San Pedro el Real (auch: San Francisco) gelockt, und Don Alonso stach ihn im Verlauf der »Verhandlungen« mit einer Lanze nieder. Der halbtote Schmied wurde von seinen Anhängern nach Hause gebracht, und bald verkündete man, er sei gestorben, aber auf wunderbare Weise wieder auferstanden. Dergestalt bestärkt, gingen die Randalierer mit neuer Kraft zu Werke. Alle Versuche Don Alonsos und des Stadtrates (*veinticuatro*) Pedro de Aguayo, die Conversos zu beschützen, schlugen fehl, und Don Alonso wurde aus der Osthälfte der Stadt, der Ajerquía, vertrieben und rettete sich in die Burg (Alcázar). Einige Conversos fanden Zuflucht in der benachbarten »Alten Burg« (Castillo Viejo), andere aber wurden getötet oder verwundet, viele Häuser wurden nieder gebrannt und noch mehr ausgeplündert. Als die großen Unruhen am 16. März begannen, schlossen sich auch viele Landarbeiter aus den stadtnahen Gebieten an. Einige hundert Conversos flohen in die kleineren Städte der Provinz und sogar bis Sevilla und Gibraltar. Manche emigrierten sogar nach Flandern und Italien. In der Zwischenzeit genehmigte Don Alonso de Aguilar eine Verfügung für Córdoba, nach der Conversos von öffentlichen Ämtern ausgeschlossen wurden, aber einige Conversos blieben entweder in der Stadt oder kehrten zurück, nachdem sich im Dezember 1474 die Gewalttätigkeiten gelegt hatten.

Die Errichtung der spanischen Inquisition

Es herrscht wohl keinerlei Zweifel, dass die politischen Zustände in den 1470er Jahren maßgeblich zur Einrichtung von Inquisitionstribunalen in Kastilien beigetragen haben. Zu der Zeit, als Isabella am 13. Dezember in Segovia zur Königin ausgerufen wurde, waren in vielen Teilen des Reiches Parteikämpfe in vollem Gange, auch in Andalusien, wo die ersten Tribunale der neuen Inquisition eingesetzt wurden. Diese örtlichen Auseinandersetzungen verbanden sich mit dem 1475 ausbrechenden Bürgerkrieg, als es zwischen Isabella und Heinrichs IV. Tochter Johanna (Juana) zum Streit um die kastilische Thronfolge kam; beide waren zu verschiedenen Zeiten von den kastilischen Cortes als Thronerbinnen anerkannt worden. Die andalusischen Hochadligen und Städte standen eher am Rande des Konflikts, der begann, als Johannas neuer und wesentlich älterer Gatte Alfons V. von Portugal in Kastilien einfiel, um ihren Thronanspruch durchzusetzen. Ende 1476 jedoch hatte sich Isabella der Unterstützung des führenden andalusischen Adels versichert und in Aussicht gestellt, die Region nach Beendigung der Feindseligkeiten zu besuchen. Entgegen den Warnungen ihrer Berater, sie solle eine dermaßen delikate Mission nicht ohne ihren Gatten Ferdinand unternehmen, verließ Isabella

Madrid am 20. April 1477. Sie begab sich zunächst in die Estremadura, besuchte das Hieronymitenkloster Guadelupe, nahm am Begräbnis des früheren Königs Heinrich teil und traf am 24. Juli in Sevilla ein. Zahlreiche Bürger der Stadt fürchteten Bestrafung wegen ihrer religiösen Verfehlungen in den zurückliegenden Jahrzehnten und waren schon vor ihrer Ankunft geflohen, aber es stellte sich rasch heraus, dass die Königin nicht nur die religiöse, sondern auch die politische Dissidenz in den Griff bekommen wollte. Nach Ansicht der modernen Geschichtswissenschaft war Isabellas Thronfolgeanspruch nicht stärker begründet, als der Anspruch Johannas, die nahezu zweifelsfrei die legitime Tochter Heinrichs IV. war und nicht die illegitime Tochter des königlichen Günstlings Beltrán de la Cueva, weshalb man ihr in Oppositionskreisen auch den Spitznamen »La Beltraneja« gegeben hatte. Isabella quälten solche Zweifel natürlicherweise nicht, zumindest nicht in der Öffentlichkeit, aber sie war entschlossen, die Opposition gegen ihren Thronanspruch an sich zu binden, und zwar indem sie sich die Anschuldigungen gegenüber den Conversos in Andalusien zu eigen machte und die Predigten und Glaubensunterweisung durch den Prior des Dominikanerkonvents San Pablo in Sevilla, Alonso de Hojeda, förderte. Während ihres Aufenthalts in der Stadt und bei ihrem dortigen Zusammentreffen mit Ferdinand scheinen beide Herrscher entschieden zu haben, die seit langem befürwortete Inquisition auch in Kastilien einzuführen, um ihre eigene Herrschaft sowie die religiöse Rechtgläubigkeit zu sichern.

Zwischen dem 8. Juli und dem 1. August 1478 trat ein Nationalkonzil der spanischen Kirche in Sevilla zusammen, auf dem ein umfangreiches kirchliches Reformprogramm verabschiedet wurde. Das Konzil tagte in einer Atmosphäre wachsender Furcht vor Verschwörung und Verrat seitens judaisie-

Der Alcázar in Córdoba, einst Sitz eines Inquisitionstribunals.

render Conversos. In dieser Zeit veröffentlichte der Erzbischof von Sevilla, Kardinal Pedro González de Mendoza, einen Hirtenbrief, der es sich zur Aufgabe machte, den »Neuen Christen« oder Conversos bessere Kenntnisse des christlichen Glaubens zu vermitteln. Er selbst und sein Stellvertreter, der Bischof des benachbarten Bistums Cádiz, taten sich mit den Dominikanern ebenso zusammen wie, nach dem 2. August 1478, mit dem königlichen Statthalter oder *asistente* von Sevilla, Diego de Merlo, um gegen angebliche Judaisierende vorzugehen. Als Kardinal Mendozas pastorale Kampagne anlief, gab es im Jahre 1478 weitere düstere Anschuldigungen gegen die Conversos Sevillas wegen gewaltsamer Verschwörungen. In der Zwischenzeit verfolgten König und Königin in Rom noch einen anderen Weg, und am 1. November 1478 erließ Papst Sixtus IV. (1471–1484) eine Bulle, in der er die Ernennung zweier oder dreier über 40 Jahre alter Priester als Inquisitoren in Sevilla gestattete. Die Bulle eröffnete zudem die Möglichkeit, auch in anderen Teilen Kastiliens solche Ernennungen vorzunehmen. So erreichte die »professionelle« Inquisition schließlich einen Teil Europas, in dem sie in dieser Form zuvor noch nicht existiert hatte. Aber überraschenderweise trat Sixtus' Bulle erst zwei Jahre später in Kraft. Am 27. September 1480 ernannte die Krone, ausgestattet mit der päpstlichen Nominierungsbefugnis, zwei Dominikanerbrüder, Juan de San Martín und Miguel de Morillo, zu Inquisitoren in der Erzdiözese Sevilla und der Diözese Cádiz; als ihr Rechtsberater fungierte Dr. Juan Ruiz de Medina. Martín war Prior des Dominikanerkonvents San Pablo in Burgos gewesen sowie Vikar der »Observanten«, der Reformkongregation des Ordens in Kastilien. Morillo war erst im Vorjahr zum Dominikanerprovinzial von Aragón gewählt worden, vermutlich mit Unterstützung des neuen Königs Ferdinand. Dr. de Medina, ein Weltpriester, war Mitglied des kastilischen geheimen Kronrats. Am 1. Januar 1481 verschickte die neue sevillaner Inquisition einen Brief an den andalusischen Adel mit der Aufforderung, die Inquisition zu unterstützen. Die der königlichen Gerichtsbarkeit unterstehenden Stadtregierungen konnten ohne weiteres in die Pflicht genommen werden, Sorge hingegen bereiteten die Gebiete mit einer Gerichtsbarkeit, welche die

Krone dem örtlichen Adel übertragen hatte. In Sevilla nun nahm der Repräsentant der Krone, der *asistente* Diego de Merlo, aktiven Anteil an der Arbeit des Tribunals. Gegen Ende 1480 waren schon viele Conversos geflohen, und bedrohliche, aber nachweislich falsche Anschuldigungen eines Komplotts der Conversos zur Destabilisierung der Stadt und ihrer Regierung machten die Runde. Zunächst installierten sich die Inquisitoren in Hojedas Dominikanerkonvent San Pablo, aber 1481 zogen sie auf die andere Seite des Guadalquivir um, in die große Burg von Triana, die Statthalterresidenz des Diego de Merlo. In einer am 11. Februar 1482 ausgefertigten Bulle ernannte Papst Sixtus weitere sieben Dominikanerinquisitoren, darunter den Prior von Santa Cruz in Segovia, Tomás de Torquemada, der bald traurige Berühmtheit erlangen sollte. Die neuen Tribunale begannen sich nun über ganz Andalusien und Kastilien auszubreiten. Das erste richtete man in Córdoba ein, wo man erst kurz zuvor Parteistreitigkeiten unterdrückt hatte. Die vom Papst und der königlichen Regierung ernannten Inquisitoren der Diözese Córdoba, Pedro Martínez del Barrio, Baccalaureus Alvar García de Capillas und Baccalaureus Antón Ruiz de Morales, wurden am 4. September 1482 mit Erlaubnis des Kathedralkapitels vom Chordienst freigestellt, um ihren Pflichten nachkommen zu können. Als das Tribunal von Córdoba seine Arbeit aufnahm, sorgten die Maßnahmen der andalusischen Inquisitoren für mancherlei Kontroversen in Spanien selbst und in Rom.

Das Tribunal an der Arbeit

Nach Schätzung zeitgenössischer Chronisten wurden zwischen 1481 und 1488 siebenhundert »Judaisierende« der weltlichen Obrigkeit übergeben und verbrannt, teils leibhaftig, teils nur »in effigie«, während etwa fünftausend mit der Kirche »versöhnt« wurden, das heißt gegen verschiedene Bußauflagen wieder in die Kirche aufgenommen wurden. Wie auch immer die Zuverlässigkeiten dieser Zahlen zu bewerten ist, es scheint jedenfalls, dass das erste spanische *auto de fe* (»Akt des Glaubens«), eine Prozession und öffentliche Demütigung des bußfertigen oder unbußfertigen »Häretikers«, am 6. Februar 1481 in Sevilla stattfand, bald nachdem die Inquisitoren ihre Tätigkeit in der Burg Triana aufgenommen und ihre Fangarme auch in andere Städte der Region, wie Jérez de la Frontera und Puerto de Santa María, ausgestreckt hatten. Die Einführung der Inquisition in Kastilien blieb höchst umstritten, und die innerspanische Debatte über die Frage der Judaisierung der Conversos erreichte bald den Papst in Rom – als Klagen über angebliche Akte des Missbrauchs durch die Inquisitoren. Am 29. Januar 1482 schrieb Papst Sixtus einen Brief an Isabella und Ferdinand, in dem er auf einige Verfehlungen San Martíns und Morillos in Sevilla hinwies und darüber Klage führte, es handele sich hierbei nicht um die »wahre« Inquisition, weil sie speziell gegen angebliche Judaisierende gerichtet sei und nicht gegen die Häresie im Allgemeinen. Allerdings wurde die Arbeit der Inquisition in Sevilla und Córdoba nicht unterbrochen. Im Gegenteil, die von Papst Sixtus im Februar 1482 genehmigten Tribunale konnten sich nach und nach fest etablieren. Im Sommer 1483 richtete sich die Inquisition in der andalusischen Stadt Jaén ein, weiterhin in Ciudad Real in Neukastilien, wo es in früheren Jahren zu Gewaltausbrüchen zwischen Conversos und »Altchristen« gekommen war. Zwei Jahre später breiteten sich die Tribunale weiter nach Norden aus, nach Toledo, wo sie rasch einen nachhaltigen Einfluss auf das Leben der zahlreichen Conversos der Stadt ausübten. Als im Sommer 1492 die nicht zum Christentum übergetretenen Juden vertrieben wurden, gab es im

Machtbereich der Krone Kastilien Inquisitionstribunale, in Ávila, Medina del Campo, Segovia, Valladolid und Sigüenza. Einmal abgesehen von einigen politischen Kontroversen und einigen angeblichen Converso-Komplotten in Sevilla und Toledo, arbeiteten diese Tribunale ohne nennenswerte Opposition. Als jedoch die neue, königlich geförderte Inquisition, jetzt unter der Führung Torquemadas, in Ferdinands Kronland Aragón eingeführt wurde, sollte sich die Situation grundlegend ändern.

Die Inquisition und die Freiheiten von Aragón

Als Hauptproblem stellte sich heraus, dass es in Aragón bereits eine seit dem 13. Jahrhundert existierende Inquisition gab. 1481 nun ergriff Ferdinand Maßnahmen, seine Kontrolle auch über die päpstliche Inquisition in Aragón, Katalonien und Valencia auszuweiten. Vom König – und nicht vom Papst – ernannte Inquisitoren nahmen ihre Tätigkeit in Zaragoza, Barcelona und Valencia auf, und eine machtvolle Interessengruppe der Conversos erhielt mit der Bulle vom 18. April 1482 von Papst Sixtus IV. Unterstützung gegen die königliche Inquisition. Dieses Dokument akzeptierte die Berichte der Conversos über inquisitorischen Missbrauch als Wahrheit und befahl den bischöflichen Offizialen, sozusagen als Kontrollinstanz, an der Arbeit der Inquisitoren teilzunehmen. Starker diplomatischer Druck durch Ferdinand und seine Gesandten in Rom bewirkte jedoch bald einen Sinneswandel bei der Kurie, und am 17. Oktober 1483 berief Sixtus Tomás de Torquemada zum Generalinquisitor für Aragón, Katalonien und Valencia. Das war eine gewagte und höchst kontroverse Neuerung, denn bis zu diesem Punkt hatte es noch keine rechtliche und institutionelle Verbindung zwischen den »Kronen« Kastilien und Aragón gegeben. Eine der heftigen verfassungsrechtlichen Auseinandersetzungen in der Geschichte der

Krone Aragón stand unmittelbar bevor. Als Herrscher dieser Gebiete im Osten der Halbinsel hatte Ferdinand eine komplexe Rechts- und Verfassungsstruktur geerbt, nach der die Privilegien (*cartae*) oder Rechtsordnungen (*fueros/furs*) den verschiedenen Ständeversammlungen oder *Cortes/Corts* der Krone Aragón mehr Macht und Gewalt gewährten als dem König oder seinen Ministern. Wenn die Generalstände nicht tagten, wurden anstehende politische Fragen von einer ständigen Kommission, der *Diputación/Diputació*, in ihrem Namen entschieden. Die ursprüngliche Einführung der mittelalterlichen Inquisition in diesen Reichen kam zwar einer Bedrohung der Konvertiten gleich, hatte aber keine verfassungsrechtlichen Streitfragen aufgeworfen. Die Ernennung von kastilischen Inquisitoren für Gebiete, deren *fueros* nur die Berufung von Einheimischen in öffentliche Ämter erlaubten, war eine ganz andere Sache. Somit hatte der erbitterte Widerstand in Aragón zwischen 1484–1485 gegen Ferdinands »neue« Inquisition – wie man richtig erkannt hat – zwei unterschiedliche Ursachen. Verständlicherweise kämpften die Conversos – viele von ihnen in hohen königlichen und städtischen Ämtern – um ihren Status als ernsthafte Christen (und damit voll berechtigte Untertanen) und gegen die Anschuldigung des Judaisierens, die leicht zu Bestrafung, Güterverlust und Tod führen konnte, wenn Torquemadas neue und erbarmungslose Tribunale erst einmal ihre Arbeit jenseits der kastilischen Grenzen aufgenommen hätten. Die Ereignisse dieser Jahre beispielsweise in Zaragoza, Teruel, Barcelona und Valencia machen jedoch deutlich, dass die Opposition gegen die neue Inquisition auch von einer ständischen und anti-kastilischen Basis getragen wurde, die wesentlich breiter gestreute Interessen in sich vereinigte. Es sah anfangs so aus, als hätte den Inquisitoren mit einer Kombination aus komplizierten verfassungsrechtlichen Bedenken, hoch angesiedelten politischen Intrigen in Spanien und in Rom, vielleicht sogar durch gewaltsamen Widerstand bis hin zum Mord, das Handwerk gelegt werden können. Angesichts der absoluten Entschlossenheit des Königs, der Politik seiner Gattin in diesem Punkt zu folgen, stellte sich jeglicher Widerstand letztlich als vergeblich heraus.

Bei den rechtlichen Schwierigkeiten drehte es sich nicht allein um die Ernennung kastilischer Amtsträger für den Machtbereich der Krone Aragón, sondern auch um die verwirrende Existenz von Inquisitoren, die noch unter dem alten päpstlichen System für Barcelona und Valencia ernannt worden waren und aus ihren Ämtern entfernt werden mussten. Am 14. April 1484 hielt Torquemada eine Versammlung oder *junta* in der aragonesischen Stadt Tarazona ab, wo die Corts des Königreiches zur gleichen Zeit tagten, und verkündete die Ernennung von Inquisitoren, deren Auftrag es war, »häretische Verworfenheit« in Zaragoza, Huesca, Teruel, Lérida (Lleida), Barcelona und Valencia zu verfolgen und zu bestrafen. Anfang Mai wurden Gaspar Juglar und Pedro Arbués de Epila zu Inquisitoren im Königreich Aragón ernannt und in die Hauptstadt Zaragoza entsandt, wo sie unverzüglich auf eine vereinigte Widerstandsfront von Conversos und Konstitutionalisten unter den »Altchristen« stießen. Ihr Kollege, der junge baskische Dominikaner Juan de Solivera, konnte bei seiner Ankunft am 23. Mai 1484 nicht einmal in die freie aragonesische Stadt Teruel einziehen. Gewarnt von ihren zurückkehrenden Repräsentanten auf den Corts von Tarazona, hatte sich der Stadtrat bereits zu einer geheimen Sitzung mit seinem Rechtsbeistand zurückgezogen, um eine verfassungsrechtliche Grundlage für den Widerstand gegen die Inquisition auszuarbeiten. Auf solche Weise bestärkt, verweigerte der Rat dem Inquisitor Solivera den Zutritt zur Stadt. Wie die notorisch widerspenstigen und streng legalistischen Räte von Teruel sofort erkannten, war der noch nicht vierzig Jahre alte

Dominikaner nach königlichem Gesetz und Torquemadas Instruktion noch zu jung, das Amt eines Inquisitors auszuüben. So musste er sich schmählich in die Nachbarstadt Cella zurückziehen, wo sein Kollege Martín Navarro Vikar war. Die Bevölkerung Teruels bestand damals aus einem bunten Gemisch von Christen, Juden und Muslimen, und obwohl es auch eine prominente Gruppe von Conversos gab, ging es bei dem hartnäckigen Widerstand doch in erster Linie um die Verteidigung der verfassungsmäßigen Freiheiten und Privilegien. Als Ferdinand mit Hilfe seines Repräsentanten Juan Garcés de Marcilla den Widerstand gebrochen hatte, und Solivera und Navarro endlich am 25. März 1485 die Stadt betreten konnten, folgte er – in seiner Geringschätzung der althergebrachten städtischen Freiheiten – dem Beispiel seines Onkels Alfons V. Während eines Streits im Jahre 1427 hatte Alfons befohlen, den obersten Beamten der städtischen Gerichtsbarkeit (*Juez*, »Richter«), aufzuhängen und seinen Leichnam vom Fenster des Rathauses auf den Stadtplatz zu werfen. Zwischen 1484 und 1487 musste Teruel die Vernichtung seiner Converso-Gemeinde erleben, wie so viele andere Städte in Kastilien und Aragón auch.

Widerstand gegen Ferdinands und Torquemadas neue Inquisition regte sich in den Territorien des Königs danach nicht mehr. 1461 wurde in Barcelona Joan Comes auf Anforderung der Stadt vom Papst zum Inquisitor ernannt. Aus diesem Grunde entsandte die katalanische Hauptstadt 1481 nicht einmal mehr ihre Repräsentanten nach Tarazona, um dort die Einführung der neuen Inquisition zu erörtern. Freilich vermochte diese Verweigerung nicht, die in Gang gekommene Entwicklung im Spanien Ferdinands und Isabellas in irgendeiner Weise zu verändern. Der Widerstand in Barcelona erfolgte zwar mehr auf juristischer Ebene als durch Gewalt, war aber auch nicht erfolgreicher als die andernorts ergriffenen Widerstandsmaßnahmen. Der Rat der Stadt weigerte sich, Torquemadas Ernennung zweier neuer Inquisitoren und die Abberufung des Joan Comes anzuerkennen. Ferdinand jedoch stärkte seinem Generalinquisitor den Rücken und war bereit, sich rücksichtslos über die verbrieften städtischen Privilegien hinwegzusetzen. Im Laufe des Jahres 1485 flohen zahlreiche, häufig sehr wohlhabende Converos aus der Stadt, und in den folgenden Jahren fand man auch eine rechtliche Lösung, mit deren Hilfe man Comes entfernen und ein neues Tribunal einrichten konnte. Im Februar 1486 setzte Papst Innozenz VIII. formell alle alten und neuen Inquisitoren im Königreich Aragón ab. Im Falle Barcelonas war Torquemada nunmehr in der Lage, Joan Comes durch einen neuen kastilischen Kandidaten, den Dominikaner Alonso de Espina, zu ersetzen. Dessen Bilanz an Hinrichtungen auf dem Scheiterhaufen und »Versöhnungen« war begrenzt, nicht zuletzt, weil die meisten Conversos, die man hätte aburteilen wollen, geflohen waren. In Valencia waren zwei Inquisitoren, Juan Cristóbal de Gualves und Juan Orts, noch 1481 unter den alten Regelungen nominiert worden. Einer der von Torquemada 1484 ernannten Ersatzleute war zwar ein Valencianer namens Martín Iñigo, der andere jedoch, Juan de Epila, war Aragonese, und folglich legten die Corts von Valencia sofort Protest ein, weil ihre Fueros durch die Ernennung eines Auswärtigen verletzt worden seien. Wieder einmal lief die Oppositionskampagne ins Leere, und so mussten sich Stadt und Königreich Valencia einem König beugen, der mit dem Argument operierte, seine Untertanen müssten die neuen Tribunale ja nicht fürchten, wenn es wirklich nur wenige oder überhaupt keine Häretiker in seinem Reich gäbe. Ein Aufstand gegen Ferdinands und Torquemadas Inquisition, der durch eigenes Verschulden erfolglos verlief, trug sich in Zaragoza, der Hauptstadt Aragóns, zu.

Der Tod des Inquisitors

Der Inquisitor Pedro Arbués de Epila wusste, dass sein Leben bedroht war – durch den Hass einflussreicher Conversos und durch die ebenso mächtigen Verteidiger der aragonesischen Verfassungsrechte. In der Nacht vom 15. auf den 16. September betete er vor dem Hochaltar der Kathedrale von Zaragoza; er trug ein Kettenhemd unter seinem Habit und eine Stahlhaube unter seiner Kapuze. Aber all diese Vorkehrungen halfen nicht. Nach zeitgenössischen Berichten schlichen sich acht Männer, gedungen von seinen Feinden unter den Conversos, an ihn heran, stellten fest, wer er war, und einer von ihnen stach ihn nieder. Von weiteren Hieben verletzt, schwebte er noch einen Tag zwischen Leben und Tod, bis er der erste »Märtyrer« der neuen spanischen Inquisition wurde, gleichsam nach dem Vorbild des Petrus Martyr aus dem 13. Jahrhundert. Der Eindruck dieses Attentats, zusammen mit der schnellen Ermittlung seiner Anstifter, zerstörten die Hoffnungen der Conversos nicht nur in Zaragoza, sondern in ganz Spanien und fügte allen Bemühungen, die traditionellen Verfassungsrechte in Aragón, in den katalanischen Ländern und dann auch auf den Balearen zu verteidigen, schweren Schaden zu. Wie nun gingen die in den Territorien Isabellas und Ferdinands eingerichteten neuen Tribunale bei der »Ausmerzung« der Häresie vor?

Im Lichte späterer, in zahlreichen Sprachen verfasster Erzählungen und fingierter Berichte erscheinen uns die Inquisitoren oft als zügellose, sadistisch grausame Fanatiker. In Wirklichkeit ist es außerordentlich schwierig, einen wirklichkeitsnahen Eindruck vom Wesen der ersten Inquisitoren unter Torquemada zu gewinnen. Was auch immer sie Übles getan haben mögen, sie machen doch einen recht banalen persönlichen Eindruck, und was wir über sie wissen, sind die typischen, fragmentarisch-skizzenhaften biografischen Notizen der Zeit. Selbst

Torquemada, wie auch die meisten der von seinen Tribunalen befragten Personen, sind mehr von ihren äußeren Handlungen, als von ihrem Charakter und ihren Motivationen her bekannt. Die Räte von Teruel warfen Bruder Solivera eine ruchlose Sinnesart vor, allerdings dürften sie kaum unvoreingenommen gewesen sein. Bis zu einem gewissen Grad wird man dem ehrwürdigen Bruder sogar seine Ungeduld und seine Enttäuschung über den hartnäckigen und entschlossenen Widerstand seiner Opponenten ein wenig nachsehen können. Später, im Jahre 1508 (siehe Kapitel 5) beschuldigte man den damaligen Inquisitor von Córdoba, Diego Rodríguez Lucero, zutiefst illegaler Machenschaften und wahrhaft sadistischer Gewaltanwendung gegenüber zahlreichen Bürgern der Stadt, aber solche Einblicke in die »menschliche« Seite sind in dieser Periode sehr selten. Schenkt man den überlieferten Zeugnissen Glauben, waren die meisten spanischen Inquisitoren des ausgehenden 15. und beginnenden 16. Jahrhunderts weitgehend eher gesichtslose Bürokraten als Aufsehen erregende Tyrannen. Sie alle waren Kleriker, viele von ihnen Dominikaner, und sie hatten gewöhnlich eine juristische, seltener eine theologische Ausbildung. Die belegten Aktionen der Tribunale Isabellas und Ferdinands bestätigen weitgehend diesen Eindruck.

Zwischen Tribunal und Beichtstuhl
Die neue spanische Inquisition ähnelte ihrer mittelalterlichen Vorgängerin darin, dass sie auf eine recht unbehagliche Weise die Funktionen eines Gerichtshofes und eines Beichtstuhls kombinierte. Das offizielle Ziel des Heiligen Offiziums war es immer gewesen, abirrende Seelen mit der Kirche zu versöhnen. In diesem Sinne stellte sich das Verfahren als Teil des Bußsakraments dar, wobei ein sündiger Gläubiger gehalten war, sei-

ne Sünden Gott im Beisein eines Priesters zu bekennen. Er erhielt sodann Rat und Hilfe zur Besserung seines Lebens; eine Buße wurde auferlegt und die Absolution erteilt. Damit waren alle früheren Sünden getilgt, und ein Neuanfang konnte beginnen. In vieler Hinsicht folgten die Inquisitoren des 13. Jahrhunderts und ihre Nachfolger ähnlichen Verfahrensweisen. Im Spanien des ausgehenden 15. Jahrhunderts, wie auch in den Jahrhunderten zuvor, forderte ein Inquisitor bei seiner Ankunft in einem der Häresie verdächtigen Ort von den Bewohnern des Distrikts zunächst das Bekenntnis ihrer Sünden und Verfehlungen, insbesondere in Glaubensdingen. Allerdings gab es da einen gewichtigen Unterschied: von den jeweiligen Personen wurde nicht nur das Bekenntnis ihrer eigenen »Sünden« verlangt, sondern auch das der Sünden anderer, ihrer Verwandten, Freunde und Nachbarn. An dieser Stelle verwandelte sich der Beichtstuhl zu einem Gericht, genauer zu einer ermittelnden Polizeibehörde, denn es ging der Inquisition darum, die Verbindungen und Verflechtungen derjenigen aufzudecken, die in religiöse Abweichung – ein gegen die Gesellschaft gerichtetes Verhalten – verwickelt waren. In Bezug auf die rechtliche Grundlage und Praxis folgte die Neubegründung der Inquisition von 1478 in Spanien nicht nur den Bestimmungen des Kanonischen Rechts, die fortlaufend durch päpstliche und königliche Gesetze ergänzt wurden, sondern übernahm auch zwei Verfahrenshandbücher des 14. Jahrhunderts für die täglichen Geschäfte der Tribunale. Das erste, »*Handbuch des Inquisitors*« (*Practica officii inquisitionis*), wurde von dem französischen Dominikaner Bernhard Gui (Bernardus Guidonis) (1261/62–1331) verfasst; das zweite, *Directorium inquisitorum*, stammt aus der Feder des katalanischen Dominikaners Nicolau (Nicolas) Eymerich (1320–1399) und war bis in die frühe Neuzeit hinein einflussreich. Beide Bücher richteten sich gegen die wichtigsten Häresien ihrer Zeit, unter anderem gegen die Katharer, die Waldenser und gegen die »Spiritualen«, eine dissidente Gruppe innerhalb des Franziskanerordens. Als verhängnisvoll für die spätere Entwicklung in Spanien erwies sich, dass sie auch auf die Gefahr hinwiesen, die von den Juden und dem Judentum im Allgemeinen, und von den jüdischen Konvertiten, die von ihrem neu angenommenen christlichen Glauben abgefallen waren, im Besonderen ausging. Abgesehen von der verstärkten Rolle des Königs und der Königin bei der Ernennung der Inquisitoren, bestand in Spanien die wichtigste Neuerung der spanischen Inquisition in der Einführung eines Anwalts zur Verteidigung des Angeklagten. Es bleibt abzuwarten, wie wirksam sich diese Schutzeinrichtung für die Tausenden von Menschen erweisen wird, die unter Ferdinand und Isabella und ihren Nachfolgern vor die Tribunale des Heiligen Offiziums gezerrt wurden.

FÜNFTES KAPITEL
Die Inquisition gegen die Conversos

Die Verfolgung der »Judaisierenden«

Die Debatte über die Tätigkeit der spanischen Inquisition in der Regierungszeit Ferdinands und Isabellas, der »Reyes Católicos« (Katholischen Könige), hält mit aller Lebhaftigkeit an, denn innerhalb und außerhalb Spaniens befassen sich eine Vielzahl von akademischen Tagungen und Publikationen mit diesem Thema. Die durchaus beachtlichen Archive der Inquisition, die die Zerstörungen und Auflösungen in späteren Jahrhunderten überlebt haben, sind Gegenstand systematischer Forschung geworden, seitdem Henry Charles Lea zu Beginn des 20. Jahrhunderts seine wegweisende und immer noch wertvolle vierbändige Geschichte der spanischen Inquisitionstribunale veröffentlichte. Dennoch sind einige grundlegende Fakten nicht bekannt, und man neigt dazu, die Lücken mit den polemischen, religiösen und säkularen Vorurteilen des 20. Jahrhunderts zu füllen. Bei vielen dieser Diskussionen und Polemiken ging es um Zahlen: Wieviele Juden gab es am Ende des 15. Jahrhunderts in Spanien? Wieviele Conversos lebten dort? Welchen Anteil hatten diese beiden Gruppen an der Gesamtbevölkerung? Wieviele Juden verließen 1492 das Land, und wieviele Konvertiten kehrten kurz darauf oder später als Christen wieder nach Spanien zurück? Alle diese Fragen stehen in enger Verbindung zur Tätigkeit der Inquisition, aber sie eignen sich keineswegs für statistisch abgesicherte Antworten. Zunächst einmal gab es vor der Regierung Karls V. keine systematische Zählung der spanischen Bevölkerung. Wie in anderen europäischen Ländern auch, basieren Steuerlisten, die einen provisorischen Ersatz für einen Zensus darstellen könnten, auf Haushalten und nicht auf Einzelpersonen, sodass man zu einem eher willkürlichen demographischen »Multiplikator« greifen muss, um die Bevölkerungszahl zu schätzen. Unglücklicherweise wurden die für die angemessene Beurteilung der Inquisitionsarbeit so wichtigen Juden und Muslime in den spanischen Reichen als Gemeinschaften steuerlich veranlagt, sodass nur die gröbsten Berechnungen auf der Basis königlicher Gemeinschaftstaxierung angestellt werden können. Die Arbeitshypothese besagt, dass Spanien im ausgehenden 15. und beginnenden 16. Jahrhundert eine Bevölkerungszahl von sechs Millionen hatte, davon lebten etwa viereinhalb Millionen in Isabellas Kronland Kastilien, der Rest der Bevölkerung in Ferdinands Aragón. Der Anteil der Muslime, Juden oder jüdischen Christen an dieser Gesamtbevölkerung ist, wie wir sehen werden, Gegenstand intensiver Kontroversen, man kann aber wohl mit einiger Sicherheit sagen, dass er nicht mehr als etwa 10 Prozent ausmachte, das heißt 600 000, aber auch das ist eine gewagte Annahme. Für die Zeitgenossen, die sich mit der Arbeit der frühen Inquisition auseinandersetzten, hatten Statistiken, zumindest im modernen Sinne, freilich nur eine untergeordnete Bedeutung.

Die Kontroversen setzten ein, sobald die Inquisitoren ihre Arbeit in Sevilla aufnahmen. Der königliche Chronist Fernando del Pulgar, selbst ein Converso, protestierte beim Erzbischof von Sevilla, Kardinal Pedro González de Mendoza, gegen die willkürliche Anklage und Einkerkerung von Conversos, denn während einige von ihnen eine Bestrafung als judaisierende Häretiker durchaus verdienten, sei es grausam und ungerecht, auch alle übrigen zu verfolgen. Im Gegensatz zu modernen Wissenschaftlern wie Benzion Netanyahu und Norman Roth, vertrat Pulgar nicht die Ansicht, die meisten Conversos seien ernsthafte, gläubige Christen gewesen. Während man das in vielen Fällen annehmen könne, seien viele weibliche Konvertiten, zumal in Andalusien, nicht bewusst judaisierend, sondern verfügten einfach nicht über genügend Kenntnisse der christlichen Lehre, weil sie, ans Haus gefesselt, niemand darin unterwiesen hätte. Die Inquisitoren sowie ihre königlichen und kirchlichen Förderer irritierte ein solcher Protest nicht, und sie setzten ihr tödliches Werk fort. Wie bereits im vierten Kapitel gesagt, schätzten zeitgenössische Autoren, dass zwischen 1481 und 1488 etwa 700 Judaisierende von der Inquisition angeklagt wurden, viele davon in ihrer Abwesenheit. Wer nicht fliehen konnte, dem wurde in einem *auto de fe* der Prozess gemacht, und er wurde von der städtischen Obrigkeit als »rückfälliger« Ketzer verbrannt. Die Inquisition nannte dieses Verfahren in ihrer Sprachregelung »entlastende Übergabe an den weltlichen Arm«. Abwesende, die man als zu dieser Kategorie gehörig schuldig gesprochen hatte, wurden symbolisch (»in effigie«) verbrannt; das bewahrte sie natürlich nicht davor, auch »in persona« verbrannt zu werden, wenn man ihrer habhaft wurde. Über Pulgars Zweifel hinaus reagierte auch Papst Sixtus IV. persönlich auf Klagen seitens der Conversos und wies Isabella und Ferdinand an, die Inquisitoren von Sevilla während der laufenden Untersuchung von Missbräuchen zu suspendieren. Seine Bedenken und die seines Nachfolgers Innozenz VIII. (1484–1492) verhinderten nicht die Weiterarbeit der Tribunale in Kastilien und Aragón. Für Córdoba beispielsweise zeigen die fragmentarischen Quellen für diese Periode, dass die Inquisitoren schon 1482 damit begannen, Prozesse in der Königsburg, dem Alcázar, zu organisieren; *autos de fe* wurden von da an bis 1486 mindestens einmal im Jahr durchgeführt. Nach dem *auto* des Jahres 1483 im nahegelegenen Benediktinerkonvent der Heiligen Märtyrer (Santos Mártires) wurde die angebliche Mätresse des Kathedralkämmerers Pedro Fernández de Alcaudete verbrannt. Weiter nördlich, in Ciudad Real und dann in Toledo, wurde ein Großteil der Konvertitengemeinde systematisch öffentlich gedemütigt; auf gleiche Weise agierten auch die neuen Tribunale in Aragón, Katalonien und Valencia. Es steht außer Zweifel, dass die Conversos das bevorzugte Ziel der frühen Inquisitoren waren. Nach Schätzungen auf der Basis erhaltener Dokumente waren in Valencia zwischen 1484 und 1530 über 90 Prozent der von den neuen Tribunalen angeklagten Personen Conversos. Die verfügbaren Quellen zeichnen ein gleiches Bild für den Wirkungsbereich der Tribunale in Kastilien und Aragón.

»Gnadenedikt« und Konfiskation

Angesicht der damals als kritisch empfundenen politischen und gesellschaftlichen Lage, in der Ferdinand und Isabella ihre neue Inquisition einrichteten, war es wohl unvermeidlich, dass sich die angewendeten Verfahren weitgehend an den Prinzipien der päpstlichen Gesetzgebung und dem Inquisitorenhandbuch des Nicolau Eymerich orientierten. Wie auch schon früher, wenn eine spezialisierte Inquisition – in und außerhalb Spaniens – ihre Tätigkeit aufnahm, galt als erster Hinweis auf eine bevorstehende Untersuchung vermuteter Ketzerei die Veröffentlichung eines so genannten »Gnadenedikts«. Darin setzte man der örtlichen Bevölkerung eine Frist von dreißig oder vierzig Tagen, innerhalb derer sie ihre Sünden bekennen konnte. Wie im Falle der mittelalterlichen Tribunale gehörte zu einem »vollständigen« Bekenntnis auch die Denunzierung anderer. Damit wollten die Inquisitoren Einblick in die von ihnen vorausgesetzte »Vernetzung« der Häretiker gewinnen. In Córdoba etwa glaubte der von 1499 bis 1508 wirkende Inquisitor

Autodafé (Auto de fe) in Spanien. Französischer Stich des 17. Jahrhunderts (Madrid, Biblioteca Nacional).

Rodríguez Lucero (der nach einem vom König angestrengten außerordentlichen Untersuchungsverfahren wegen Amtsmissbrauchs abgesetzt wurde), dass man geheime Synagogen unterhalte, deren Besucher auch in den höchsten Rängen der örtlichen Gesellschaft zu finden seien. Nachdem der erste Ansturm auf die Conversos nachgelassen hatte, reisten die Inquisitoren immer seltener durch ihre Distrikte, sondern verblieben in ihren Amtssitzen und erwarteten die Untersuchungsberichte ihrer Kommissare (*comisarios*), die sich meist aus dem örtlichen Klerus rekrutierten. Nach etwa 1500 wurde das Gnadenedikt der Reiseinquisitoren durch die jährliche Verlesung eines »Glaubensedikts« ersetzt; dabei entfiel die Frist, in der man seine Sünden bekennen und sich mit der Kirche aussöhnen konnte, ohne physische oder finanzielle Strafen erleiden zu müssen.

Welche Form eines Edikts auch immer proklamiert wurde und wie auch immer die Folgen aussehen mochten: die Festnahme wegen des Verdachts auf Ketzerei oder das Eingeständnis der Ketzerei hatten unmittelbare finanzielle Konsequenzen. Trotz ihrer politischen Abhängigkeit von der Monarchie mussten sich nämlich die Tribunale der spanischen Inquisition selbst finanzieren, und so wurde die bewegliche und unbewegliche Habe der Angeklagten sofort von den »Zwangsverwaltern« der lokalen Tribunale konfisziert. Sie verwalteten dann die Besitztümer mit Verantwortlichkeit gegenüber den Verwandten und Bediensteten des Beklagten, damit diese nicht gänzlich ohne Mittel dastehen mussten. Sofort verbreitete sich in Kastilien, Aragón und Katalonien der Vorwurf, die Inquisitoren seien mehr am Vermögen reicher Conversos interessiert, als am Aufspüren judaisierender Ketzer – viele nannten dieses Vorgehen *sacadinero*, »Geld aus der Tasche ziehen« oder »sich Geld unter den Nagel reißen«. Es kam in der Tat nur äußerst selten vor, dass solcher Besitz wieder den Weg zu seinen ursprünglichen Eigentümern zurückfand, und wenn es geschah, machte die Inquisition hohe Verwaltungskosten geltend. In den meisten Fällen wurde der Besitz versteigert, um den lokalen Tribunalen Geldmittel zuzuführen. In der Zwischenzeit begann die lange und schmerzvolle Qual der Verdächtigten, die fast immer in einer öffentlichen Demütigung im Rahmen eines *auto de fe* und bisweilen im Verbrennungstod endete.

Das Inquisitionsverfahren
Als die Inquisition im 13. Jahrhundert mit ihrem Werk in Südfrankreich und Norditalien begann, waren ihre juristischen Methoden Teil einer kirchlichen und königlichen Kampagne, die darauf abzielte, die Unwägbarkeiten des Gottesurteils mit

Schwert, Feuer und Wasser durch Verfahren zu ersetzen, die zur die Grundlage zukünftiger Prozessformen werden sollten. An die Stelle unmittelbaren göttlichen Eingreifens bei der Feststellung von Schuld oder Unschuld – sichtbar gemacht durch gerichtlichen Zweikampf, durch Eisen- und Wasserprobe – trat somit die Beweisführung vor Gericht. Im alten System galt das als unnötig, denn der Gerechte Richter kannte bereits Schuld und Unschuld und verkündete sein Urteil im Ergebnis des alten Gottesurteilsverfahrens. Jetzt aber wurden die Rechtsfälle von Menschen, von gerichtlichen Amtspersonen, behandelt, die irdische Hierarchien – kirchliche, königliche, adlige oder städtische – repräsentierten. In einigen Fällen lösten Urteilergremien, bestehend aus Mitbürgern des Angeklagten, die alte Sitte ab, nach der sich eine Person durch »Eideshelfer« – eine bestimmte Anzahl von Nachbarn, die durch ihren Eid die Unschuldsbehauptung bekräftigten – gegen einen Tatvorwurf wehren konnte. Auf diese Weise erhöhte sich das Prestige der aufstrebenden westeuropäischen kirchlichen und weltlichen Bürokratien. Allerdings ergaben sich zwei praktische Schwierigkeiten, die zur Zeit Ferdinands und Isabellas noch nicht vollständig gelöst waren. Eines der Probleme war das Wesen und die Bewertung des Beweises, das andere war die Verhängung von bisweilen sehr langen Gefängnisstrafen durch geistliche und weltliche Gerichte. Zur Zeit der ersten Sondertribunale im 13. Jahrhundert war die Einkerkerung keine normale gerichtliche Strafe, es sei denn, man hielt reiche Kriegsgefangene in der Hoffnung auf Lösegeldzahlungen in Burgverliesen fest. So gab es kaum geeignete Gefängniseinrichtungen, und Strafen zu »dauerhafter Gefangenschaft« wurden deshalb meist erlassen. Die von dem berühmten bischöflichen Inquisitor Jacques Fournier (den späteren Papst Benedikt XII., 1334–1342) in seiner Diözese Pamiers (auf der französischen Seite der Pyrenäen) zwischen 1318 bis 1325 verurteilten Personen dürften kaum mehr als ein oder zwei Jahre in Gefängnishaft verbracht haben. Wie etwa in der südfranzösischen Stadt Carcassonne nutzte die Inquisition häufig Burgen und andere befestigte Plätze als Gefängnisse; nach 1480 hielten es die beiden ersten Tribunale in Andalusien ebenso. In Sevilla (vgl. viertes Kapitel) hatte sich die Inquisition bald auf Einladung des königlichen *asistente* Diego de Merlo in der Burg Triana am Südende der Bootsbrücke des Guadalquivir eingerichtet, während die Kollegen in Córdoba in der Königsburg, dem Alcázar, saßen. In Barcelona nutzte die Inquisition einen Teil des Königspalastes, und erst um die Mitte des 16. Jahrhunderts, in Toledo um 1560, errichtete man eigene Gefängnisbauten. Solange die spanische Inquisition existierte, standen ihr nicht genügend Gefängniszellen zur Verfügung, und dieser Zustand beeinflusste ganz materiell ihre Verhörverfahren und ihre Bestrafungsprinzipien.

Die Frage der Gültigkeit des voluminösen Beweismaterials, das die spanische Inquisition im Laufe der 356 Jahre ihrer Existenz gesammelt hat, ist ebenso entscheidend für die moderne Inquisitionsforschung, wie sie es für die zeitgenössischen Ankläger und Angeklagten war. Die Inquisition hat in der Tat Rechtsverfahren angewendet, die direkt mit den Verfahren weltlicher Gerichte verglichen werden können, genauso wie die bischöflicher Autorität unterstehenden Kirchengerichte bestrebt waren, in Fragen der Moral auch das Familienrecht anzuwenden und ebenso das Erbrecht, wie etwa in England. In diesem Sinne ist es durchaus angemessen, den Inquisitionsprozess mit dem anderer Gerichte der Periode zu vergleichen und natürlich auch mit späteren Rechtspraktiken. Aber trotz ihrer politischen Wurzeln und ihrer weitgehenden Unterwerfung unter königliche Kontrolle war die spanische Inquisition nach 1478, wie auch ihre Vorgängerinnen zu beiden Seiten der Pyrenäen, ein Teil

Ein Sambenito: Der Gerber Gonzalo Ruiz »el Rubio« aus Córdoba wurde nach seinem Tode als »Judaisierender« von der Inquisition verurteilt, seine Gebeine auf dem Scheiterhaufen verbrannt.

der kirchlichen Ausübung des Bußsakraments, resp. der Versöhnung mit der Kirche. Es wurde schon darauf hingewiesen, dass der Inquisitor nach den Maßgaben des Gnadenedikts oder des Glaubensedikts von den Beschuldigten ein volles Geständnis über alles verlangte, was sie über häretische Abirrungen bei sich und bei anderen wussten. Das war ein geistliches wie auch ein rechtliches Thema, sodass die bewusste oder versehentliche Unterdrückung von Informationen nicht nur als Täuschung des Inquisitors, sondern auch als Täuschung Gottes bewertet wurde. Jedwede Lüge galt als Todsünde und musste die Geschicke des Übeltäters im Diesseits und im Jenseits beeinflussen. Häresie und insbesondere die Führerschaft in häretischen Gruppen wurde von der Kirche und den weltlichen Autoritäten als eine so gravierende und gefährliche Sünde und als ein so schweres Verbrechen betrachtet, dass alle gängigen Mittel versagten, einem solchen Sünder die Absolution zu erteilen. Deshalb kann es kaum überraschen, dass man Isabellas und Ferdinands Tribunale, kaum dass sie ihre Arbeit aufgenommen hatten, mit dem Vorwurf des Missbrauchs und der falschen Anklage konfrontierte. Ein anderer Grund, warum vielen Zeitgenossen die Tribunale suspekt waren, liegt in ihrer ausgesprochen »inquisitorischen« Natur, ihren strengen Untersuchungsprinzipien. Trotz der umfangreichen, inzwischen zugänglichen Forschungsergebnisse, herrscht immer noch die allgemeine Meinung vor, die »Inquisition« sei ein gänzlich spanisches und ein gänzlich kirchliches Phänomen gewesen. Und obwohl so hervorragende jüdische Historiker wie Yitzhak Baer und Benzion Netanyahu die Behauptung vollständig widerlegt haben, muss noch einmal betont werden, dass es keinerlei Belege dafür gibt, die spanischen Inquisition wurzele im Rechtswesen der Juden selbst, wie die spanischen Historiker Claudio Sánchez Albornoz und Américo Castro behaupten. In Wirklichkeit wurde die »Inquisition« oder die »Erforschung der Wahrheit« im Rechtsleben des mittelalterlichen Europa, das sich im und nach dem 12. Jahrhundert aus dem Römischen Recht entwickelt hatte, zur allgemein geübten Praxis. Das Inquisitionsverfahren war deshalb keineswegs eine rein kirchliche Erscheinung. Das »inquisitorische« Rechtsverfahren, in religiösen wie in weltlichen Zusammenhängen, unterschied sich jedoch grundlegend von modernen englischen und amerikanischen Untersuchungs- und Prozessverfahren. Wie in allen Ländern, deren Rechtspraxis noch heute unter dem Einfluss des Römischen Rechts steht, ging es den offiziellen Organen der Rechtspflege bei der mittelalterlichen und frühneuzeitlichen prozessualen Behandlung der Häresie um zwei Dinge: die Wahrheit festzustellen und bereits existierende Gesetzesnormen anzuwenden, um die angemessene Strafe für den Schuldigen festzusetzen. Eine Konsequenz dieses Systems rechtlicher Vorschriften und Voraussetzungen war, dass man schon vor dem eigentlichen »Prozess« alle Beweise zusammentrug, oder eher, dass die Untersuchung des Falles bereits ein integraler Bestandteil des Prozesses selbst war. Dies alles ist zu berücksichtigen, will man die oft geschmähten Verfahren der spätmittelalterlichen und frühneuzeitlichen Inquisition angemessen beurteilen.

Nach der Verkündung von Gnaden- oder Glaubensedikten abgelegte Geständnisse führten zur Anhäufung großer Beweismengen gegen den Bekennenden und gegen andere. Einige Leute lieferten sich selbst der Inquisition aus, andere wurden auf Anweisung des Anklägers (*procurador fiscal*) vom Vollstreckungsbeamten (*alguacil*) und seinen Gehilfen gefangengesetzt. Das geschah, wenn der Ankläger die Inquisitoren davon überzeugt hatte, es handele sich um einen dem ersten Anschein nach eindeutigen Fall (*prima facie*). An diesem Punkt wurde der

Besitz des Angeklagten konfisziert, während er oder sie in den jeweils zur Verfügung stehenden Gefängnisräumen eingekerkert wurde. In den kürzlich teilweise ausgegrabenen unterirdischen Gefängniszellen der Burg Triana in Sevilla beispielsweise kam es häufig zu Überflutungen. Als eine der schlimmsten Missbrauchhandlungen galt seit den 1480er Jahren die strikte Geheimhaltung, unter der die Inquisition agierte. In der Theorie jedenfalls wurde ein der Häresie Angeklagter nach seiner Festsetzung vom Rest der Menschheit abgesondert und hatte keinerlei verbalen Kontakte zu den Gefängniswärtern, den anderen Gefangenen, der Außenwelt, auch nicht zu seinen Verwandten. Auch die Verhöre erfolgten in den Inquisitionskerkern unter Ausschluss der Öffentlichkeit. Einer oder mehrere Inquisitoren stellten die Fragen, und der ebenfalls auf Geheimhaltung eingeschworene Gerichtsschreiber hielt das Verfahren schriftlich fest. Bis 1530 sind verhältnismäßig wenige dieser Prozeßprotokolle überliefert, aber die erhaltenen Dokumente liefern ein recht klares Bild, wie die Verfahren durchgeführt wurden. Der Ankläger musste Zeugen gegen den Angeklagten beibringen und legte Anklagepunkte gegen ihn vor. In keiner Phase des Verfahrens kam es zu einer direkten Gegenüberstellung von Zeugen und Angeklagten. Stattdessen musste jeder Zeuge der Anklage einen identischen Fragenkatalog beantworten, der sich auf die Anklagepunkte bezog und 40 oder 50 Fragen beinhalten konnte. Dabei spielte die jeweilige Relevanz eines Zeugen für das Verfahren keine Rolle. Eine wichtige Neuerung im Verfahren der spanischen Tribunale nach 1478 war die Einführung eines Verteidigers, der in dieser Phase von der Anklageseite eine Aufstellung der Anklagepunkte und das jeweilige Beweismaterial erhielt. Allerdings sah sich die Verteidigung zwei gewichtigen Einschränkungen gegenüber: zum einen konnte sich der Beklagte seinen Rechtsbeistand nicht aussuchen, sondern musste einen von den Inquisitoren benannten Anwalt akzeptieren. Es liegt auf der Hand, dass sich die Karriereaussichten eines Anwalts nicht gerade erhöhten, wenn er eine effektive Verteidigung solcher Klienten durchführte; deshalb sind nur wenige Beispiele von Zivilcourage bei so gelagerten Rechtsfällen bekannt. Das zweite Handicap der Verteidigung lag darin, dass die Anklage bei der Aushändigung des Beweismaterials alle Angaben zur Identifizierung der Zeugen, also etwa ihre Namen, ihre Wohnorte, den Zeitpunkt ihrer Aussage, zurückhielt. Dies geschah vermutlich, um die Kollaborateure der Inquisition sowie deren Familien und Freunde vor Repressalien zu schützen. Unter solchen schweren Benachteiligungen bereiteten der oder die Angeklagte zusammen mit dem Rechtsbeistand den Fall vor und beriefen ihre eigenen Zeugen, die ebenfalls einen Fragenkatalog beantworten mussten. In der Theorie jedenfalls waren die Inquisitoren gehalten, die Aussagen all derer außer Acht zu lassen, welche der Beklagte als seine »Todfeinde« bezeichnete, aber das erwies sich selten, wenn überhaupt, als wirksamer Schutz, weil man die Belastungszeugen nur erraten konnte, und ein einziger, nicht als »Todfeind« bezeichneter Zeuge, zur Verurteilung ausreichte. Obwohl nun die Zeugnisse in festgesetzter Form während des Prozesses vorgebracht werden mussten, zeigten sich die Inquisitoren, die ihr Gericht quasi als Beichtstuhl betrachteten, bemerkenswert unkritisch bei der Zulassung von Zeugenaussagen. Sobald jedenfalls die Zeugen der Anklage und der Verteidigung ihre Aussagen gemacht hatten, und der Gefangene befragt worden war, fällten die Inquisitoren ihr Urteil, das daraufhin einer Gruppe von Beisitzern, meist Pfarrern, Mönchen, Brüdern oder Gelehrten, übergeben wurde. Diese Berater konnten ihrerseits den Fall noch einmal überprüfen und auch an den Befragungssitzungen teilnehmen. Sobald man sich über Urteil und Strafe einig geworden war, musste sich der

Francisco Goya, Schandprozession: Verurteilter, angetan mit dem Sambenito, auf dem Weg zum Auto de fe (Radierung).

Gefangene in einem *auto de fe* (»Akt des Glaubens«) einer öffentlichen Buße unterziehen.

Auto de fe

In der Frühzeit und bis zur Mitte des 16. Jahrhunderts waren diese öffentlichen Bußen grobe und brutale Akte der Erniedrigung und der Bestrafung. Im Toledo der 1480er Jahre beispielsweise zogen Hunderte von Conversos, darunter einige der vermögendsten Mitglieder der Gemeinde, barfuß, in weißen Kitteln und mit großen Kerzen in den Händen in einer Prozession vom Hauptquartier der örtlichen Inquisition im Dominikanerkonvent San Pedro Mártir zum Hauptplatz der Stadt, der Plaza de Zocodover. Im Gegensatz zu den Nazarenern (*nazarenos*), deren freiwilliger Bußakt in der Karwoche (*Semana Santa*) des modernen Spaniens durch wehende Roben und spitze, nur die Augen aussparende Kopfbedeckungen vor der Öffentlichkeit verborgen wird, wurde die Identität der verurteilten Gefangenen öffentlich zur Schau gestellt. Diese für alle sichtbaren Bußriten und – so hoffte die Obrigkeit zumindest – Bekundungen der Reue hatten sich in der Kirche über Jahrhunderte hin entwickelt. Die spanische Inquisition verfeinerte diese Riten und kleidete die verurteilten Gefangenen in hohe Mitren, so als würden sie die bischöfliche Autorität verhöhnen, sowie in gelbe Roben, die sogenannten *sambenitos*, auf denen die Vergehen des Büßers bildlich dargestellt waren. Nach dem *auto de fe* hängte man die *sambenitos* in der Pfarrkirche der Missetäter zu ihrer und ihrer Familie Schande auf. Die der Inquisition zur Verfügung stehenden Strafen umfassten »milde« traditionelle Bußen, welche etwa denen entsprachen, die ein Priester im Beichtstuhl auf das Geständnis von Todsünden verhängte: so etwa die Verpflichtung, für eine bestimmte Periode unter rituellen Demütigungen an der Messe teilzunehmen, oder die Auferlegung einer Wallfahrt. Personen, die wegen schwererer Verfehlungen verurteilt waren, konnten mit der Kirche »versöhnt« werden, mussten aber, eher im Prinzip als in der Praxis,

»dauerhafte Einkerkerung« auf sich nehmen. In jedem Falle aber verloren solche Personen ihren gesamten Besitz, und ihre Familien hatten unter dem Stigma zu leiden, mit einem überführten Häretiker verwandt zu sein. Alle, die man nach einer vorangegangenen »Versöhnung« mit der Kirche nunmehr als »rückfällige Häretiker« erkannte, galten in der bildhaften Sprache der Inquisitoren, in Anlehnung an die Sprüche Salomons (26,11) und den zweiten Petrusbrief (2,22), als »Hunde, die zu ihrem Erbrochenen zurückkehren«. Diese Personen trugen in der Prozession des *auto de fe* einen *sambenito*, der mit Flammen »dekoriert« war. Nach der Zeremonie überstellte man sie den weltlichen Behörden. Nachdem der formelle Appell der Inquisitoren ergangen war, man möge sie gnädig behandeln, tötete man sie durch Verbrennen – bei lebendigem Leibe, wenn sie keine Reue gezeigt hatten, oder man erdrosselte sie zuvor mit der Garotte, wenn sie ihre Reue und ihre Ergebenheit gegenüber der katholischen Kirche noch auf dem Scheiterhaufen bekundet hatten. Jeder Versuch, die Wirkung der Inquisition als nicht so gravierend einzustufen, kommt nicht an der Realität dieser Gewalt vorbei, die jahrhundertelang in Spanien und in anderen Ländern ausgeübt wurde. Wie aber sah die religiöse Identität der Menschen aus, die in der Regierungszeit Isabellas und Ferdinands von den Inquisitionstribunalen verurteilt wurden?

Das Bild des Juden
Die Inquisitoren der neuen spanischen Inquisition hatten bereits gefestigte Vorstellungen von der Natur des Judentums übernommen. Gemäß den neutestamentlichen Schriften, betrachtet sie die Religion ihrer jüdischen Nachbarn als tot und legalistisch, und schlimmer noch, als vom Satan inspiriert. Es ist

auffällig, wenn auch nicht überraschend, dass die von den Anklägern gegen verdächtigte spanische Judaisierende erstellten Belastungsakten fast ausschließlich den Vorwurf ritueller Befolgung der jüdischen Tora, des jüdischen Gesetzbuches, enthalten sowie die angebliche Respektlosigkeit vor dem christlichen Glauben. Bei aller Formelhaftigkeit inquisitorischer Befragungen – der Angeklagten wie der Zeugen – gibt es doch auffällig wenige theologische Dispute, im Gegensatz zur Praxis in anderen Teilen Europas, etwa im Falle der Auseinandersetzung mit den »Lollarden« in England und den »Hussiten« in Böhmen. Offensichtlich hatten die Inquisitoren ein Problem (das bisweilen in ihren internen Handbüchern auch zugegeben wurde), den persönlichen Glauben ihrer Landsleute, ob religiös im »offiziellen« Sinne oder nicht, herauszufinden. So war die Versuchung groß, nach Äußerlichkeiten zu urteilen: Viele Opfer der spanischen Inquisition wurden in den Ruin getrieben, eingekerkert oder in den Tod geschickt, weil sie Fleisch bei einem koscheren Metzger gekauft hatten, der sein Schlachtvieh nach jüdischen Speisevorschriften schlachtete, oder weil sie die Tischdecke am Freitag gewechselt hatten wie zur Vorbereitung auf den jüdischen Sabbat. Das war der Stoff von Tausenden von Inquisitionsprozessen im Spanien der »Katholischen Könige«.

Man muss aber die Frage stellen: Waren die Zehntausende Conversos des 15. Jahrhunderts in Spanien wirklich »Juden« oder »Christen«? Im 20. Jahrhundert treten viele jüdische und nichtjüdische Wissenschaftler nicht mehr für die Glaubenssysteme ein, die man mit den Begriffen »Judentum« und »Christentum« verbindet. Dennoch wird man kaum jemanden finden, der bei seiner wissenschaftlichen Beschäftigung mit der Inquisition unter Isabella und Ferdinand nicht im Großen und Ganzen die rabbinische oder priesterliche Definition dessen akzeptierte, was man sich unter einem »Juden« oder einem

»Christen« vorzustellen habe. Nun ist es durchaus vernünftig, zunächst einmal anzunehmen, dass die spanischen Inquisitoren, aufgewachsen in einer vom jahrhundertelangem Zusammenleben von Christen, Juden und Muslimen geprägten Gesellschaft, einen recht klaren Begriff von dem haben mussten, was jüdische Religion ausmachte, auch wenn sie selbst niemals eine Synagoge betreten hatten oder dabei waren, wenn ein Tier rituell geschlachtet wurde, oder mit einer – vielleicht sogar verwandten – jüdischen Familie in einer Laubhütte das Sukkoth-Fest gefeiert hatten. Noch jüngere wissenschaftliche Auseinandersetzungen über die religiöse Identität der spanischen Conversos erschöpften sich in einem Bombardement von Verallgemeinerungen und Abstraktionen, und es wurde selten oder überhaupt nicht versucht, die verwendeten Begriffe auch zu definieren. So waren Conversos entweder »Juden« (damit wäre die Inquisition nach ihrer eigenen Definition gerechtfertigt gewesen, hätte dann allerdings unmoralisch gehandelt, weil sie Menschen verfolgte, die in ihrem Herzen einem anderen Glauben anhingen) oder sie waren »Christen« (in diesem Falle wären sie grausam verfolgt worden, weil sie an einem Glauben festhielten, den sie in Wirklichkeit nicht hatten). Die starren und stereotypen Verfahren der Inquisitionsprozesse erlauben meist keinen Einblick in persönliche Geschicke, insbesondere in den Jahren des Hauptangriffs auf judaisierende Conversos zwischen 1480 und etwa 1520. Dennoch gibt es genügend Belege in diesen und anderen Quellen, wie etwa in den vorprozessualen Zeugenaussagen der Inquisitionsakten von Soria und Burgo de Osma zwischen 1486 und 1502, die bezeugen, dass den Spaniern dieser Periode genauso viele theologische und philosophische Optionen offen standen wie auch schon zuvor und dass sie aller Wahrscheinlichkeit nach damals genauso genutzt wurden wie im ausgehenden 20. Jahrhundert. Die Inquisition der 1480er und 1490er Jahre ging – nicht unähnlich der modernen Inquisitionsforschung – auf der Grundlage eines monolithischen Modells vor, das nur wenige oder überhaupt keine Widersprüchlichkeiten oder Ungenauigkeiten zuließ. Das Ergebnis jedenfalls war die Vertreibung aller Juden, die die christliche Taufe verweigert hatten, sowie eine dreihundertjährige Verfolgung von Menschen, denen man eine Abweichung vom offiziellen Modell christlichen Glaubens und christlicher Praktiken unterstellte. Wie stark die politische Zielsetzung der spanischen Inquisition auch gewesen sein mag – ihre religiöse Selbstwahrnehmung wurde zu keiner Zeit aufgegeben.

SECHSTES KAPITEL
Triumph und Erneuerung der Inquisition

Das Heilige Kind von La Guardia

Der erste Schlag der Inquisition gegen die Conversos zwischen 1480 und 1492 ereignete sich in Kriegszeiten. Nahezu in der gesamten Periode mobilisierten Isabella und Ferdinand die menschlichen und materiellen Ressourcen der Kronen von Kastilien und Aragón, um den letzten muslimischen Staat auf der Iberischen Halbinsel, das Nasridenreich von Granada, zu besiegen und zu erobern. Jüdische und muslimische Gemeinden innerhalb ihrer Reiche blieben von politisch und religiös motivierten Angriffen verschont, hatten aber hohe und überproportionale Kriegskontributionen zu leisten. Erst später zwang man die spanischen Muslime zur Annahme des Christentums, und erst von da an gerieten sie ins Visier der Inquisition. Die Bedrohung der Juden seitens der Christen wurde bereits in den letzten beiden Jahren des Granadakrieges deutlich fühlbar. Der Stein kam durch einen scheinbaren Routinefall ins Rollen. Im Juni 1490 behaupteten einige Trunkenbolde in einem Wirtshaus im nordwestspanischen Astorga, sie hätten im Gepäck eines Converso, des Wollkämmers Benito García, eine geweihte Abendmahlshostie entdeckt. Man informierte den Generalvikar des Bischofs von Astorga, Dr. Villalba, und der Verdächtigte wurde auf der Stelle ins Gefängnis geworfen und gefoltert. Da es nur wenig verlässliches Belegmaterial über den Umfang dieser Praxis in den Anfangsjahren der Inquisition gibt, lässt sich nicht genau sagen, ob García von den weltlichen oder den geistlichen Behörden gefoltert wurde. Bald aber stellte sich heraus, dass sein Fall in den Zuständigkeitsbereich der Inquisition gehörte. Der vollständigste Bericht über den nun folgenden Prozess findet sich in den Akten über einen weiteren Angeklagten, einen gewissen Yuçe Franco. Der Fall des Hostiendiebstahls kam zunächst vor das Inquisitionstribunal in Valladolid, wurde aber bald nach Ávila weitergegeben, der Heimatstadt des Generalinquisitors Tomás de Torquemada. Zu dieser Zeit jedoch erhob man bereits eine wesentlich schwerwiegendere Anklage: Eine Gruppe von Conversos und Juden, unter ihnen auch Yuçe und Benito, hätten einen kleinen Jungen aus La Guardia bei Toledo entführt und rituell ermordet. Hier nimmt die Legende vom »Heiligen Kind« von La Guardia ihren Anfang; sie lebte über die Jahrhunderte fort, und noch heute genießt dieser Lokalheilige in der Gegend ehrendes Gedenken, trotz der Missbilligung der katholischen Kirchenbehörden. Über seinen von der Inquisition ernannten Verteidiger Martín Vázquez erklärte Yuçe, dass die vom Inquisitionsankläger Don Alsonso gegen ihn vorgebrachten Anklagen – Geheimbündelei, Kreuzigung des Kindes zum Spott über die Leiden Christi, Anwendung magischer Praktiken (*hechicería*) – zu unbestimmt seien und einer genauen Zeitbestimmung sowie sonstiger spezifischer Einzelheiten entbehrten. Wie schon gesagt, war dies das übliche Prozessmaterial, das man der Verteidigung aushändigte; es bot indessen kaum einen Ausweg für den Angeklagten. Yuçe aber geriet auf sichereren Boden, als er erklärte, er unterstehe als Jude nicht der Rechtsprechung der Inquisition und dürfe deshalb auch nicht in den Fall verwickelt werden. Hier berührten Yuçe und sein Verteidiger ein Problem, das der institutionalisierten Inquisition im Frankreich des 13. Jahrhunderts bereits Kopfzerbrechen bereitet hatte. Im Jahre 1320 hatte Bischof Fournier von Pamiers den deutschen Juden Baruch verhört, der von den Teilnehmern des so genannten Schäferkreuzzuges in Südfrank-

Fast überall in Europa wurden Juden des Ritualmordes bezichtigt: Darstellung der angeblichen jüdischen Mordtat an Simon von Trient (1475) und der anschließenden Verbrennung der Kölner Juden (Schedelsche Weltchronik, 1493).

reich zwangsweise getauft worden war. Der Bischof war gegen den Angeklagten jedoch unter der Voraussetzung vorgegangen, er sei ein getaufter Christ und kein Jude, denn im letzteren Fall – so stellte er fest – hätte er nicht das Recht gehabt, über ihn zu richten. Der La-Guardia-Fall sollte diesen Unterschied auf bedenkliche Weise verwischen, soweit spanische Juden betroffen waren. Neben dem Umstand, dass Juden als Angeklagte vor ein Inquisitionsgericht gestellt wurden (und nicht, wie zuvor, lediglich als Zeugen gegen Conversos), verübte das Tribunal von Ávila – zweifellos mit Zustimmung Torquemadas – zahlreiche weitere Verletzungen gängiger Rechtspraktiken, so wie sie der Generalinquisitor in seinen »Instruktionen« von 1484 selbst niedergelegt hatte.

Die Untersuchungen von 1490 hatten offenkundig nur unzureichend koordinierte Beweise beigebracht, die zur Überführung dieser Gruppe von etwa zehn Juden und Conversos, die man des Diebstahls einer geweihten Hostie und der Kreuzigung eines christlichen Knaben anklagte, nicht ausreichten. Als am Anfang des nächsten Jahres neue Untersuchungen angestellt wurden, spann man die Geschichte weiter aus und beschuldigte die Gruppe nun, das Herz des Knaben für die Durchführung eines jüdischen Blutopfers gestohlen zu haben, allerdings weigerten sich die Angeklagten hartnäckig, den Vorwurf einhellig zu bestätigen. In ihrer Enttäuschung griffen die Inquisitoren nicht nur zur Folter, sondern schlossen auch die Gefangenen in einer Zelle zusammen ein, damit sie sich in ihren Aussagen abstimmen konnten. Die Gruppe der Juden und Conversos sollte den Knaben mitten aus einer Menschenmenge beim Fest Mariä Himmelfahrt in Toledo entführt und ihn in eine Höhle bei La Guardia verschleppt haben. Nach weiteren Folterungen und Gegenüberstellungen mit Zeugen erreichten die Inquisitoren von Ávila im November 1491 vom Komitee der örtlichen

Beisitzer (*calificadores*) die Zustimmung, dass die Angeklagten nun als schuldig zu befinden seien. Am 16. November veranstaltete man einen *auto de fe*, nach dem Yuçe und seine Mitangeklagten bei lebendigem Leibe verbrannt wurden. Auch wenn manche daran zweifeln, so gibt es doch eine deutliche und belegbare Verbindung zwischen dem Prozess und der Aburteilung der angeblichen Mörder des »Heiligen Kindes von La Guardia« (das erst später den Namen Christoph/Cristóbal, »Christusträger«, erhielt) und der nachfolgenden Vertreibung der Juden aus Kastilien und Aragón. Am Tag nach den Verbrennungen von Ávila schrieb ein dort ansässiger Notar, Antón González, einen Brief an den Rat der Stadt La Guardia, berichtete über das Verhalten der Verurteilten auf dem *auto de fe* und forderte den Rat auf, eine Wallfahrtsstätte an der Stelle zu errichten, wo man die sterblichen Überreste des »Heiligen Kindes« gefunden hatte. Das freilich geschah erst 1569, aber 1491, bald nach dem Prozess, ordneten die Inquisitoren von Ávila an, die Prozessakten ins Katalanische zu übersetzen und sie in Barcelona zu veröffentlichen. Offensichtlich nahmen hier die normalerweise nicht-öffentlichen Verfahren der Torquemada-Inquisition Züge eines »Schauprozesses« an, um zu demonstrieren, dass die spanischen Conversos nicht nur enge Verbindung zu ihren früheren Glaubensgenossen, den Juden, unterhielten, sondern auch mit ihnen konspirierten, um gewalttätige und feige Taten gegen die »Altchristen« nichtjüdischer Herkunft zu verüben.

Judenvertreibung

Bereits vor dem Prozess gegen die angeblichen Mörder des »Heiligen Kindes« von La Guardia hatte es Versuche gegeben, die Juden aus Teilen Spaniens zu vertreiben. Auch wenn der entsprechende Text nicht überliefert ist, belegen doch andere Quellen, dass am 1. Januar 1484 die Inquisitoren von Sevilla und Córdoba befahlen, alle Juden müssten innerhalb von drei Monaten die Diözesen Sevilla, Cádiz, Córdoba und Jaén verlassen – also die von den Christen gehaltenen Gebiete Andalusiens. Es sei ihnen nur gestattet, das von ihrer Habe mitzunehmen, was sie tragen könnten. Man hat gemeint, diese Maßnahme sei zumindest teilweise ein Schutzmittel gewesen, um die Grenze zum muslimischen Granada in Kriegszeiten zu schützen, es ist jedoch unzweifelhaft, dass die Initiative dazu von der Inquisition ausging. Drei Jahre später wurde eine ähnliche Anordnung in der Diözese Albarracín, in Ferdinands Königreich Aragón, erlassen. Dort war es in der Stadt Teruel zu bisweilen gewaltsamen Konfrontationen mit dem neuen Tribunal gekommen, allerdings gab es hier keine Grenze zu einem muslimischen Territorium. Aber die andalusischen und aragonesischen Anordnungen hatten nur begrenzte Wirkung. So protestierte etwa der Stadtrat von Jérez de la Frontera gegen diese Maßnahme. Nachweislich zahlten Juden in Córdoba noch 1485 ihre Steuern, andere erhielten in den späten 1480er Jahren eine königliche Lizenz zur Rückkehr nach Andalusien, während in Teruel 1492, als das landesweite Vertreibungsedikt veröffentlicht wurde, noch eine Reihe von Juden getauft wurden. Wenn örtliche Vertreibungsedikte ergingen, so stand in jedem Falle die erklärte Absicht der Inquisition dahinter, für alle Zukunft personelle und religiöse Verbindungen zwischen Juden und Conversos zu verhindern, die sie mit ihren Tribunalen in Kastilien und Aragón nachgewiesen zu haben glaubten.

Heute gibt es erbitterte wissenschaftliche Kontroversen über den Wert der von der Inquisition in den 1480er Jahren und später gesammelten Beweise über angebliche jüdische Glaubensvorstellungen und Rituale bei den Conversos. Für einige Wissenschaftler, namentlich Benzion Netanyahu und Norman Roth, sind die Ergebnisse der inquisitorischen Beweisführung – angesichts der obwaltenden Umstände – völlig wertlos und beweisen allein die antijüdischen Ressentiments der Inquisitoren. Für andere, etwa Yitzhak Baer, Cecil Roth und Chaim Beinart, verweisen die Inquisitionsdokumente auf eine tiefgreifende religiöse und gesellschaftliche Identität zwischen Juden und Conversos. Aus dieser Sicht hatten die Inquisitoren durchaus Recht, die meisten Conversos als Judaisierende zu betrachten. Allerdings ergeben die erhaltenen Quellen für die Inquisitionsprozesse in dieser Periode doch ein variantenreicheres und differenzierteres Bild als so manche heutige wissenschaftliche Debatte über die Religion der Conversos im 15. Jahrhundert. Über weite Strecken ergeht sich die Forschungsdiskussion in blanken Verallgemeinerungen und in Angriffen auf die Anhänger der entgegengesetzten wissenschaftlichen Richtung. Jedenfalls hegten die Inquisitoren diesbezüglich keinerlei Zweifel und nutzten die Prozessakten, insbesondere im Falle des »Heiligen Kindes von La Guardia«, als Druckmittel gegenüber den Monarchen, die allgemeine Ausweisung der nicht-konvertierten Juden aus ihren Territorien voranzutreiben.

Zwei Fassungen des schließlich erlassenen Edikts, eines für Kastilien im Namen Ferdinands und Isabellas, ein anderes für Aragón im Namen Ferdinands, sind beide in Granada am 31. März 1492 ausgefertigt. Sie befahlen, in den unterschiedlichen Formen ihrer jeweiligen Kanzleien, dass alle Juden, welche sich der christlichen Taufe verweigerten, in einem Zeitraum von vier Monaten gezwungen seien, die Territorien ihrer Herrscher zu verlassen. Sie konnten Verfügungen über ihre Häuser und ihre unbewegliche Habe treffen, durften aber nur genehmigte Gegenstände ins Exil mitnehmen. Gold- und Silbermünzen sowie ungemünztes Gold und Silber und militärisch verwendbare Güter, wie etwa Pferde, durften nicht mitgeführt werden. In Wirklichkeit hatten die kastilischen und aragonesischen Juden sogar weniger als vier Monate Zeit, ihre schicksalhafte Entscheidung zu treffen, weil das Edikt erst mit einer Verzögerung von einem Monat von den lokalen Obrigkeiten veröffentlicht worden war. Das kann mit den erfolglosen Versuchen jüdischer Führer in Kastilien, namentlich Abraham Senior und Isaak Abravanel, in Verbindung gestanden haben, den König und die Königin zu einer Änderung ihres Beschlusses zu bewegen. Abgesehen einmal von den unterschiedlichen bürokratischen Formeln, wurden in den kastilischen und aragonesischen Versionen dieselbe Maßnahme mit leicht abweichenden Argumenten begründet. So bezieht sich das kastilische Dokument beispielsweise direkt auf den Vertreibungsbefehl der Inquisition für Andalusien, während Ferdinands aragonesische Kanzlei vornehmlich stereotype antijüdische Hetzreden produziert und dabei die schädlichen Auswirkungen ihrer Freveltaten und ihre unheilvolle Auswirkung auf die christliche Rechtgläubigkeit der Conversos betont. Beide Versionen eröffneten den Juden ausdrücklich die Wahl zwischen Taufe und Vertreibung, aber trotz, und teilweise auch wegen der zahlreichen Studien der letzten Jahre zu diesem Thema, wird alles, was mit der Vertreibung von 1492 zusammenhängt, kontrovers behandelt. Zunächst einmal ist unklar, auf wessen Initiative hin das Edikt vom 31. März erlassen wurde. Auf den mächtigen Einfluss der Inquisition wurde schon verwiesen, aber die lebhafte Kontroverse über die relative Macht und den relativen Einfluss Isabellas und ihres Gatten Ferdinand – eine bereits in ihrer Regierungszeit diskutierte Frage – spielt auch im Falle der Juden und ihrer Vertreibung eine Rolle. Einige zeitgenössische Quellen legen nahe, dass der offenkundige religiöse Eifer hinter dem Edikt auf das Konto der Königin gehe, oder dass sich Ferdinand zumindest hinter diesem Eifer verberge, sobald er sich mit Kritikern seiner Judenpolitik konfrontiert sah. Allerdings existiert auch eine auf Autoren des 16. Jahrhunderts zurückgehende Schule – zu nennen ist etwa der große aragonesische Historiker Jerónimo Zurita –, die Ferdinand den dominierenden Einfluss in der Doppelmonarchie zuspricht. So bleibt die Diskussion über diese Fragen weiterhin offen, wie parallel dann auch die Kontroverse über die Zielsetzung des Vertreibungsdekrets weitergeht. Angesichts des Wortlautes der betreffenden Dokumente und angesichts ihrer Konsequenzen erscheint es offenkundig und verständlich, dass sie als »Vertreibungsdekret« bekanntgeworden sind, ähnlich den Vertreibungsbefehlen Eduards I. von England im Jahre 1290, der französischen Krone im 14. Jahrhundert und zahlreicher europäischer Fürsten und Städte in den Jahrzehnten vor 1492.

Exodus

Im Sommer dieses Jahres folgte die größte jüdische Gemeinde Europas dem Beispiel so vieler anderer – in England, Frankreich, Deutschland und Italien – und bemühte sich, ihre unbewegliche Habe zu veräußern – freilich zu Spottpreisen. Dann machten sie sich in Flüchtlingstrecks auf – nach Portugal oder ins noch unabhängige Königreich Navarra, nach Süden in die muslimischen Reiche Nordafrikas und ostwärts nach Italien und ins Osmanische Reich. Christliche und jüdische Quellen der Periode berichten mit mehr oder weniger Mitgefühl von den Leiden der Vertriebenen – und sie erweisen sich als genauso bitter wie die Leiden aller Vertriebenen bis in unsere heutigen Tage. Sie durften nur mitnehmen, was sie selbst tragen konnten, wurden von ihren christlichen Nachbarn ebenso wie von den

Zollbeamten und Schiffskapitänen misshandelt. Die Juden, welche die muslimischen Länder in Nordafrika erreichten, wurden oft angegriffen und getötet, andere erfuhren Feindseligkeiten und Behinderungen in christlichen Ländern wie Portugal und Italien, während diejenigen, die sich in das osmanische Herrschaftsgebiet begaben, wohl einen besseren Stand hatten. Hier wurde die sephardische Diaspora (abgeleitet vom hebräischen Wort »Sefarad«, mit dem traditionell Spanien bezeichnet wurde) gegründet, die seitdem auf jüdisches Leben einen weitreichenden Einfluss ausübte. Aber trotz aller Bestimmtheit, mit der sich viele Historiker immer wieder zu diesem Thema äußern: Es ist einfach nicht möglich anzugeben, wieviele Juden im Jahre 1492 die Länder Isabellas und Ferdinands verließen.

Allgemein gesprochen wurde in jüngerer Zeit die Anzahl der exilierten Juden nach unten korrigiert – das berührt aber keineswegs das Verständnis und das Mitgefühl für die Leiden derjenigen, die nach dem Edikt vom 31. Mai aus ihren Heimatländern vertrieben wurden. Es wurde bereits darauf hingewiesen, dass es letztlich unmöglich ist, für diese Periode die genaue Bevölkerungszahl Spaniens – oder anderer Länder – festzulegen. Mit dieser Einschränkung scheint eine Zahl zwischen 70 000 und 100 000, und nicht die früher geschätzten 150 000–300 000, nicht gänzlich aus der Luft gegriffen zu sein, wobei die Revision der Anzahl die menschliche Katastrophe keineswegs herunterspielen will. Dennoch gibt es verlässliche Hinweise, dass das alternative Angebot des Religionswechsels von Anfang an bestand und dass viele dieses Angebot angenommen haben. Aus zahlreichen Orten ist bekannt, dass doch so manche innerhalb der gesetzten Frist konvertierten und damit ihr gewohntes Leben fortsetzten und ihren Besitz retteten. Dass diese Handlungsweise in Übereinstimmung mit den königlichen Intentionen stand, ergibt sich deutlich aus einem Dokument, das auf den 15. Mai 1492 datiert ist. Darin ergeht an Torquemada die Anweisung, er möge dafür sorgen, dass Juden nicht vom Übertritt zum Christentum abgehalten werden, indem man sie mit Hinweisen auf ihre frühere Verbindung zu judaisierenden Conversos bedroht. Der entscheidende wirtschaftliche und gesellschaftliche Umbruch erfolgte in den Sommermonaten, als Tausende von Juden das Land verließen und große Mengen an Grundbesitz ihre Besitzer wechselten. Am 10. November 1492 erließ Ferdinand in Barcelona ein weiteres Dekret, in dem alle ausgewiesenen Juden ausdrücklich zur Rückkehr aufgefordert wurden, vorausgesetzt, sie könnten eine christliche Taufe nachweisen. Das Dokument soll die Reaktion auf ein Ersuchen von Juden gewesen sein, die nach ihrer Einwanderung nach Portugal das Christentum angenommen hatten; der König gab Befehl, ihrer Rückkehr als Christen keine Schwierigkeiten entgegenzusetzen. Es wurde ihnen erlaubt, über die Grenzorte Badajoz, Ciudad Rodrigo und Zamora wieder nach Kastilien einzureisen und sich in diesen Städten auch taufen zu lassen. Nach ihrem Übertritt zum Christentum konnten sie in ihre Heimatorte zurückkehren und ihren Besitz wieder von denen zurückverlangen, die ihn zuvor, sicherlich zu einem geringen Preis, gekauft hatten. Die vorübergehenden Eigentümer bekamen nur die Kosten für Erweiterungen und Verbesserungen der erworbenen Liegenschaften zurückerstattet. Angesichts des »alle einschließenden« Charakters der Bestimmung, ist es sicher nicht gerechtfertigt, wie etwa Benzion Netanyahu, davon auszugehen, dass die Vertreibung von 1492 eine ideologisch-rassistische Maßnahme, vergleichbar mit den Aktionen des Dritten Reiches gewesen sei. Aus den erhaltenen Dokumenten geht vielmehr hervor, dass eine große Anzahl von Juden das Angebot des Königs annahm und Ende 1492 – und auch noch in den folgenden Jahren – nach Kastilien und Aragón als Christen zurückkehrte. Es wird aber auch deutlich, dass sich die Inquisition in solchen Fällen nicht die Zurückhaltung auferlegte, die Ferdinand gefordert hatte. Viele Rückkehrer fanden sich bald wieder ihren Maßnahmen ausgesetzt. Die politischen Auseinandersetzungen zwischen Ferdinand und den Inquisitoren, die sich auch nach Isabellas Tod im Jahre 1504 fortsetzten und von finanziellen Fragen beherrscht wurden, führten in der spanischen Öffentlichkeit zu verwirrenden und widersprüchlichen Situationen. Während Conversos von der Inquisition wegen angeblichen Judaisierens verhört und eingesperrt wurden, verkaufte die Krone »Rehabilitationsdokumente« (*habilitaciones*) an Personen, die daran interessiert waren, dass ihre Beziehungen zum Heiligen Offizium aus den Akten gestrichen wurden. Ein so zwiespältiges Verhalten sollte in der spanischen Gesellschaft im Verlauf des 16. Jahrhunderts immer weiter um sich greifen.

Spanische Muslime zwischen Duldung und Inquisition

Zumindest chronologisch, aber zweifellos auch auf vielerlei andere Weise, steht das Judenedikt vom 31. März 1492 in engem Zusammenhang mit Ferdinands und Isabellas Eroberung der Stadt Granada am 2. Januar 1492. Im vorangegangenen Krieg und in den Vereinbarungen zwischen Christen und Muslimen zwischen 1484 und 1492 hatten politische Erwägungen Vorrang vor religiösen und kulturellen Angelegenheiten gehabt. Die einzelnen Bestimmungen (*capítulos*) des Vertrages von 1492 entsprechen diesem Muster. Wie schon die Verträge im 13. Jahrhundert, als die Kastilier das westliche Andalusien erobert hatten und Valencia der Krone Aragón eingegliedert worden war, garantierte auch dieser Vertrag der Bevölkerung des ehemaligen muslimischen Königreiches Freiheit der Religionsausübung. Der Hieronymitenpater Fray Hernando de Talavera, Beichtvater der Königin Isabella und erster Erzbischof von Granada (1492–1508) nach der Eroberung, gilt zu Recht als mustergültiger Diözesanbischof und als Vertreter der katholischen Reform, die nach dem Konzil von Trient (1546–1563) als »Gegenreformation« bekannt wurde. Er scheint sich bemüht zu haben, Geist und Buchstaben der *capítulos* von 1492 zu befolgen und arbeitete daran, die islamische Bevölkerung des früheren Nasridenreiches mehr durch Beispiel als durch Zwang zum Christentum zu bekehren. Er ermunterte seine Kleriker, die arabische Sprache zu erlernen und bemühte sich, wie auch seine Nachfolger, die Erzbischöfe De Avalos (1528–1542) und Guerrero (1546–1576), einen einheimischen granadinischen Klerus aufzubauen. Um auf etwas andere Weise die bei den früheren Ketzerverfolgern so beliebte Bildhaftigkeit zu bemühen: Die kleinen Füchse, die in den Weinberg des Erzbischofs Talavera und seiner reformerischen Nachfolger eindrangen und dort wüteten (Das Hohelied Salomos 2,15), stehen für die Erneuerung des christlich-muslimischen Konflikts und der Inquisition. Obwohl das Heilige Offizium nach Übereinkünften mit den beiden Katholischen Königen und Karl V. (1526) aus dem Königreich Granada bis in die 1560er Jahre ausgeschlossen war, brachen 1499/1500 gewaltsame Konflikte zwischen Christen und Muslimen aus, die vermutlich vom Erzbischof von Toledo, Kardinal Francisco Jiménez de Cisneros, geschürt worden waren und schließlich zu inquisitorischen Aktionen führten. Die Tribunale von Córdoba und Jaén weiteten ihre Tätigkeit auf das ehemalige muslimische Königreich aus, und die rücksichtsvolle Integrationspolitik Talaveras wurde aufgegeben. Bevor der Inquisitor von Córdoba, Diego Rodríguez Lucero, verhört und 1508 entlassen wurde, beleidigte er Talavera mit der Anschuldigung, er habe selbst in seinem Haus eine geheime jüdische

Synagoge unterhalten. Der alte Erzbischof starb bald darauf, und nur wenige Jahrzehnte später richtete man in Granada ein Inquisitionstribunal ein. Nach dem Aufstand von 1499/1500 in der Sierra de Alpujarra bei Granada hatten erzwungene Konversionen für eine ausreichende Zahl von potenziellen Opfern gesorgt, und ein ähnlicher Bekehrungsbefehl an die Muslime im übrigen Kastilien vom Jahre 1502 hatte die Tribunale mit ausreichend Arbeit versehen.

Im Königreich Valencia, das im 13. Jahrhundert von Aragonesen und Katalanen erobert worden war, lebte noch eine vielköpfige muslimische Bevölkerung, insbesondere auf dem Lande. Die Verträge, mit denen man die Eroberung ratifiziert hatte, waren noch zu Beginn der Regierungszeit Karls V. in Kraft und 1518 bei seiner Thronbesteigung bekräftigt worden. Im Gebiet von Valencia standen noch überall Moscheen, und der Ruf des Muezzin war an vielen Orten noch bis 1570 zu hören. Wie in Granada, wurde es auch für die Muslime in Valencia und Aragón nach 1500 zunehmend schwieriger, dem Missions- und Bekehrungsdruck seitens der Kirche im Allgemeinen und der Inquisition im Besonderen zu widerstehen. Traditionell galten die Rechte der Muslime als Bestandteil der überkommenen Verfassungsrechte, welche die Aragonesen um jeden Preis zu verteidigen trachteten, und der christliche Adel von Aragón war daran interessiert, gefügige und abhängige Arbeitskräfte auf ihren Gütern einsetzen zu können. Indessen hatte sich unter Ferdinands Regierung der kastilische Einfluss auf die Krone Aragón immer stärker geltend gemacht, und das Beispiel der Zwangsbekehrungen muslimischer Minderheiten außerhalb Granadas im Jahre 1502 hatte einen starken Veränderungsdruck ausgeübt. In Valencia führten die Wirren der ersten Regierungsjahre Karls V. im Jahre 1521/22 zu einer Revolte der *Germanías* (»Bruderschaften«), in deren Verlauf die christlichen Mittel- und Unterschichten gegen die Autorität des Königs und die Macht des Adels protestierten. Dabei kam es zu Zwangstaufen zahlreicher Muslime. Auch wenn dieser Aufstand, wie auch jener der kastilischen *Comuneros* in derselben Zeit, rasch niedergeschlagen wurde, war die Stellung des Islam in Valencia nicht mehr gesichert. Nachdem man 70–80000 Muslime der Region zwangsgetauft und zu »Maurenchristen« (*Moriscos*) gemacht hatte, bat Karl Papst Clemens VII. (1523–1534), ihn von seinem 1518 geleisteten Eid bezüglich der freien Religionsausübung der Muslime in Valencia zu entbinden. Die Bitte wurde jedoch abgewiesen. Stattdessen setzte man eine Sonderkommission ein, um den kirchenrechtlichen Status der während des Germanía-Aufstands vorgenommenen Taufen zu untersuchen. Den Vorsitz führte der damalige Generalinquisitor Alfonso Manrique, und vor dem Hintergrund inquisitorischer Praktiken in Europa seit dem 13. Jahrhundert war es eigentlich unvermeidlich, dass die Gültigkeit des Taufsakraments in diesem Falle anerkannt wurde. Am 20.Oktober 1525 befahl Karl allen Muslimen im Königreich Valencia, entweder das Christentum anzunehmen oder das Land bis zum 8. Dezember desselben Jahres zu verlassen. Auch wenn das Problem der erzwungenen Konversion bis zum Ende des Jahrhunderts umstritten blieb, und die Inquisition von Aktionen gegen die Morisken vierzig Jahre lang, bis 1576, gegen Zahlung einer Summe von 40000 Dukaten an die Krone abgehalten werden konnte, hatte sich nun das traditionelle religiöse Gleichgewicht im Königreich Valencia unwiederbringlich verändert. Eine recht energische Kampagne zur Missionierung der Mauren folgte ab den 1520er Jahren bis zu ihrer endgültigen Vertreibung im Jahre 1609 (siehe Kapitel 8), und vor dieser finalen Niederlage der Muslime verwendeten einige der hervorragendsten und engagiertesten spanischen Kirchenmänner all ihren

Verstand und ihre Energie auf die wahre »Bekehrung« der nominell christlichen Morisken. Oft hat man die Königreiche Granada und Valencia in dieser Periode mit der Mission in der Neuen Welt verglichen. Wie auch in Granada, versuchten einige Mönche und Priester Arabisch zu lernen, und Erzbischof Martín de Ayala brachte im Jahre 1566 einen spanisch-arabischen Katechismus zur Unterweisung gebildeter Morisken heraus. Allgemein gesprochen, waren die Missionsbemühungen in Granada und Valencia im 16. Jahrhundert eher erfolgreich in der Errichtung eines institutionellen Rahmens als in der Wandlung der Herzen. Erst in den letzten Jahrzehnten des Jahrhunderts wurde das Heilige Offizium in die Missionskampagne mit einbezogen, und dann stand auch schon die radikale Vertreibung der Morisken vor der Tür.

Jagd auf die Anhänger der neuen Lehre

Im Laufe des 16. Jahrhunderts hatte die spanische Inquisition keine Mühe, neue Betätigungsfelder zu finden – sie war in zunehmendem Maße aus ökonomischen Gründen auch dazu gezwungen. Auf der nächsten politischen Ebene stellte die Instabilität nach dem Tode Isabellas im Jahre 1504 das Weiterleben der Inquisitionstribunale immer mehr in Frage. Ihre zahlreichen und zunehmend lautstarken Gegner – ob sie nun Conversos waren oder nicht – hegten hochgespannte Hoffnungen, dass der neue König von Kastilien, der Habsburger Philipp I. – verheiratet mit Isabellas und Ferdinands Tochter Johanna (später bekannt als »La Loca«, die Wahnsinnige), aufgewachsen in den Niederlanden, wo es keine Inquisition gab – die Macht der Inquisitoren einschränken oder sogar die gesamte spanische Inquisition abschaffen könnte. Sein früher Tod im Jahre 1506 setzte diesen Hoffnungen für Jahrzehnte ein Ende, aber da die politische, ökonomische und soziale Instabilität auf der Iberischen Halbinsel anhielt, blieb ein wichtiges Problem bestehen. Die seit 1480 von der Inquisition fanatisch vorangetriebene Arbeit sowie die königliche Politik, reiche Conversos der Verfolgung durch die Tribunale zu entziehen, drohten jetzt, ihre Haupteinkunftsquelle zu blockieren: die Konfiszierung des Eigentums angeklagter Judaisierender. Da inquisitorische Aktionen gegen die ehemaligen Muslime der Krone Aragón und des Königreichs Granada im 16. Jahrhundert wie bereits erwähnt, starken Beschränkungen unterlagen, mussten andere Gruppen »Verdächtiger« gefunden werden, wenn die Inquisition nicht bankrott gehen wollte. Natürlich wurden bis zum Ende der Inquisition wirkliche oder angebliche Judaisierende verfolgt und bisweilen verbrannt, und auch islamische Konvertiten wurden unter dem Vorwurf angeklagt, sie fühlten sich weiterhin ihrem alten Glauben verbunden. Zunehmend aber richtete sich die Aufmerksamkeit der Inquisitoren – wie in der Anfangszeit im 13. Jahrhundert – verstärkt auf die Abweichler innerhalb der Kirche, auf die damals so genannten »Altchristen«.

In welchem Ausmaß die spanische Kirche im 16. Jahrhundert »reformiert« war oder ob sie überhaupt reformiert war, ist nach wie vor Gegenstand tiefgreifender und oft leidenschaftlicher Kontroversen. Die meisten Wissenschaftler nähern sich dem Problem entweder als bekennende Christen mit ihren eigenen konfessionellen Verankerungen, oder als »post-christliche« Skeptiker oder Atheisten, die dennoch generell ihre katholischen, respektive protestantischen Tendenzen in der Behandlung der Frage beibehalten. Somit gibt es zwei »Geschichten« der Inquisition und der spanischen Kirche in der Reformations- und Gegenreformationszeit. Die traditionelle katholische Version erblickte in der Inquisition die Bewahrerin des »wahren« Christentums gegen die Infiltration der »konvertierten« Juden und Muslime sowie der dissidenten Christen: Sie alle hätten fälschlich behauptet, rechtgläubige Mitglieder einer Kirche zu sein, die nach dem nizänischen Glaubensbekenntnis als die »Alleinige, Heilige, Katholische und Apostolische« angesehen werden müsse. Die alternative protestantische Geschichte sieht in den spanischen Tribunalen die grausamen und willkürlichen Agenten der gottlosen papistischen Religion, welche die wahrhaft gottesfürchtigen Reformer in und außerhalb Spaniens unterdrückte. Die Verwirrung, die sich um die Beziehungen zwischen der Inquisition und dem Judentum (in Form der Juden oder der Conversos) ergibt, entspricht vollständig der späteren Auseinandersetzung mit der Frage, wie sich die Inquisition gegenüber einer Reform der Kirche im 16. Jahrhundert verhalten hat. Noch gibt es keine wertfreien Begriffe – und wird es vielleicht auch niemals geben –, die solche verräterischen Wörter und Begriffe wie »katholisch«, »evangelisch«, »protestantisch« oder selbst »Reform« und »Reformator« in dieser Diskussion ersetzt hätten, sodass sie hier mit der gebührenden Vorsicht verwendet werden könnten. Zunächst einmal finden sich in der Zeit zwischen den 95 Thesen Luthers zu Wittenberg (31. Oktober 1517) und dem Tod Philipps II. (13. September 1598) in Spanien nur wenige Anzeichen für eine offene protestantische Abweichung vom katholischen Glauben – im Sinne einer direkten Verbindung mit außerspanischen reformatorischen Gruppen. In den 1520er Jahren zirkulierten Schriften von Luther und Erasmus (bzw. ihren Anhängern) recht frei in Spanien, erasmianische Anschauungen hatten sogar die ausdrückliche Billigung Karls V. und seiner Entourage. In der gesamten Periode blieben dennoch alle Spanier, einschließlich der Inquisitoren, verhältnismäßig vage im Gebrauch spezifisch reformatorischer Terminologien. Der Ausdruck »erasmianisch«, abgeleitet vom Namen des aus Holland stammenden Humanisten Desiderius Erasmus von Rotterdam (1466/69–1536), ist eine Prägung moderner Wissenschaftler und wurde dementsprechend im 16. Jahrhundert nicht gebraucht, obwohl seine überzeugten spanischen Anhänger, wie etwa Alfonso de Valdés (ca. 1492–1532), der Sekretär Karls V., diese Umschreibung sicher geschätzt hätte. Der Terminus *luterano* (lutherisch), abgeleitet vom Namen des einstigen deutschen Mönchs (1483–1546), wurde in der frühneuzeitlichen Periode sehr geläufig benutzt, nicht zuletzt von der Inquisition, und bezeichnete einen sehr viel weiter gespannten Kreis christlicher Abweichler. Im ausgehenden 16. Jahrhundert benannte man mit diesem Wort auch die Calvinisten, die Anhänger des französischen Reformators Johannes Calvin (1509–1564), sowie die Mitglieder der Kirche von England unter Elisabeth I., nach dem Sprachgebrauch der spanischen Inquisitoren »die neue Religion« (*la nueva religión*); die Bezeichnung »Anglikaner« kam erst im 19. Jahrhundert auf.

Die Haltung der spanischen Inquisition gegenüber institutionellen und individuellen kirchlichen Reformversuchen innerhalb und außerhalb Spaniens im 16. Jahrhundert wurde durch die bereits existierenden Reformtendenzen zur Zeit Ferdinands und Isabellas verkompliziert. Es darf vielleicht nicht gänzlich überraschen, dass heutige Wissenschaftler von diesen Phänomenen genauso verwirrt sind wie einst die Inquisitoren selbst, nicht zuletzt wegen der bereits erwähnten terminologischen Schwierigkeiten. Obwohl die Inquisition Ferdinands und Isabellas nahezu ausschließlich damit befasst war, alles auszurotten, was sie als Relikte des Judentums in der spanischen Kirche zu erkennen glaubte, bedeutete der alles umfassende Anspruch ihrer Forderungen – alle Menschen sollten ihre eigenen Abweichungen von christlicher Lehre und Praxis und die ihrer Mitmenschen umfassend bekennen –, dass sich ihr große Mengen anderen Materials eröffneten. Nur wenige Beispiele solcher »vor-prozesslichen« Akten sind erhalten. Eine Ausnahme allerdings macht das Register des Tribunals von Soria und Burgo de Osma für die Periode zwischen 1486 und 1502. Hier bezichtigen sich einige Personen selbst und andere einer breiten Palette von Worten und Taten der Unbotmäßigkeit gegenüber der Kirche und ihren Lehren. Einige davon spiegeln reine Unwissenheit, aber andere scheinen einer materialistischen Weltsicht entsprungen zu sein, die man heute eher mit einer nachaufklärerischen Wissenschaft und Philosophie (siehe Kapitel 9 und 10) verbinden würde, als mit der Zeit Luthers, Calvins und des Ignatius von Loyola. Solche Dokumente erreichten meist die Prozessebene nicht oder verschwanden in den formelhaften Anklagelisten. Das mag die auffällige Langsamkeit der Inquisitoren in ihrer Reaktion auf die wachsende Bedrohung der katholischen Einheit und Orthodoxie durch den deutschen Reformator und seine Anhänger erklären. Traditionell legte man das Hauptgewicht auf akademische Disputationen und akademische Arbeitsergebnisse. Kardinal Cisneros, Generalinquisitor von 1507 bis zu seinem Tode im Jahre 1517, gründete seine Universität in Alcalá de Henares im Osten Madrids denn auch als Zentrum einer katholischen Gelehrsamkeit, die viele Leistungen der italienischen Renaissance anerkannte. Sein größtes wissenschaftliches Werk war die Veröffentlichung der »Polyglotten-Bibel« (Complutense), die in parallelen Kolumnen Texte der Heiligen Schrift in Hebräisch und Griechisch neben dem lateinischen Vulgatatext des heiligen Hieronymus sowie einem hebräisch-aramäischen Lexikon enthielt. Für viele war Cisneros das Symbol einer »Katholischen Reformation«, mit anderen Worten das Symbol einer Reform innerhalb der kirchlichen Strukturen und ohne Trennung vom Papsttum. Dieser Kardinal, Erzbischof und Inquisitor war jedoch auch Franziskanermönch, der mit Unterstützung Isabellas und Ferdinands in weiten Teilen der Kirche zu Reformen angeregt hatte und dabei die Mönchsorden und den Kathedral- und Pfarrklerus mit einbezog. Oft wird vergessen, dass die meisten, vielleicht sogar alle Anstrengungen, die Katholische Kirche im 16. Jahrhundert zu reformieren – zumindest bis zum Ende des Generalkonzils der Römischen Kirche in Trient 1563 – im Zeichen der Einheit erfolgten und nicht auf eine Kirchenspaltung oder ein Schisma abzielten.

»Ketzer« im Schoß der Kirche

Im Jahre 1525 begann vor dem Inquisitionstribunal von Toledo ein Prozess gegen eine Gruppe von Christen ohne offenkundige Beziehungen zu jüdischen Kreisen. Sie standen in Verbindung zur Adelsfamilie der Mendoza und hatten ihren Schwerpunkt in Guadalajara und Pastrana, östlich und südöstlich von Madrid. Ihre Version des Christentums, die sie zweifellos als rechtgläubig betrachteten, wurzelte in der von Cisneros so favorisierten franziskanischen Reform. Dieser Gruppe aus Klerikern und Laien folgten im 16. Jahrhundert verschiedene andere Gruppen, die wegen ihrer inbrünstigen Gebetspraxis »*alumbrados*«, »Erleuchtete«, genannt wurden. Die Inquisition fürchtete diese Leute wegen ihrer privaten Frömmigkeit, die sich außerhalb der etablierten Strukturen der religiösen Orden oder des kirchlichen Lebens in den Pfarrgemeinden entfaltete. Ihr ekstatischen Verhalten in den öffentlichen Gottesdiensten, das spätere Jahrhunderte als »charismatisch« bezeichnet hätten, schien die gesamte Organisation der Kirche und die konventionellen Formen der Frömmigkeit zu bedrohen. Die Guadalajara- und Pastrana-Gruppen wurden schließlich von der Inquisition zu verhältnismäßig milden Geld- und Gefängnisstrafen verurteilt. Die »Suprema« (der zentrale Rat der Obersten Inquisition) und die regionalen Tribunale indessen waren beunruhigt über die

Gefahr unkonventioneller christlicher Praktiken, die nicht nur von ausländischen Lutheranern geübt wurden, sondern sogar von Mitgliedern der spanischen Kirche ohne Bindung an jüdische oder moriskische Kreise. Um diesem spürbaren Problem innerhalb Spaniens entgegenzuwirken, verfolgten die Inquisitoren zur Zeit Karls V. und Philipps II. zwei Hauptstrategien: zum einen die traditionelle Methode der Aufspürung und Bestrafung führender Dissidenten, zum anderen – teilweise zumindest als vorbeugende Maßnahme – die Sicherung der religiösen und sozialen Konformität unter der Bevölkerung.

Auf höchster religiöser und akademischer Ebene stellte sich die »Krise« inquisitorischer Aktivitäten im Jahre 1559 ein, als der Erzbischof von Sevilla, Fernando de Valdés, Generalinquisitor war. Philipp II. hatte kurz zuvor die Nachfolge seines Vaters Karl angetreten. Nach seinem kurzen Aufenthalt in England, wo er als Gemahl von Königin Maria (»Mary the Bloody«) den Katholizismus wiederherzustellen suchte, war Philipp über Flandern nach Spanien zurückgekehrt. In diesem Jahr veröffentlichte die Inquisition ihren ersten »Index verbotener Bücher«, der jedoch nicht mit dem von der Römischen Inquisition herausgebrachten Index identisch war (siehe Kapitel 7). In den bedeutenden wirtschaftlichen und gesellschaftlichen Zentren Sevilla und Valladolid kam es zu großen Prozessen gegen Sympathisanten des Protestantismus. Auch wurde der aus Navarra stammende Dominikaner Bartolomé Carranza (1503– 1576), ein enger Berater Philipps und Marias und Erzbischof von Toledo, gefangen gesetzt und von der Inquisition wegen seines 1558 in den Niederlanden veröffentlichten und angeblich mit englischen »häretischen« Ideen durchsetzten *Kommentars zum Katechismus* angeklagt. Er starb nach 17-jähriger Gefangenschaft in der Engelsburg zu Rom, und er sollte nicht der letzte akademisch gebildete Christ sein, der der Furcht der

Tizian, Spanien kommt der Wahren Religion zu Hilfe, um 1571.

Inquisition vor dem so genannten »Lutheranismus« zum Opfer fiel. Der Augustiner, Theologe und Dichter Luis de León (ca. 1527–1591) brachte in den 1570er Jahren vier Jahre – wohl wegen einer akademischen Kontroverse – in den Gefängnissen der Inquisition zu, konnte aber im Gegensatz zu Carranza zu seiner Arbeit zurückkehren. Der allgemeinen Öffentlichkeit stellte sich die spanische Inquisition im Laufe des 16. Jahrhunderts jedoch eher als ein Polizeigericht für Moralfragen dar, als Unterdrückerin jedweder Abweichung von inquisitorisch festgesetzten Lebensnormen – Zigeuner, Hexen, Judaisierende. Kryptomuslime, Lutheraner, zunehmend auch Bigamisten, Homosexuelle und Priester. Sie alle wurden nach landläufiger Auffassung von der Inquisition gerade bei der Ausübung des Bußsakramentes behindert, das einst zur Einsetzung der Inquisition geführt hatte.

SIEBENTES KAPITEL
Die Inquisition außerhalb Spaniens

Verfolgungsbehörde einer Weltmacht
Ferdinands und Isabellas Sieg in Granada beschleunigte die Entwicklung Spaniens zu einer europäischen Macht und schließlich zu einer Weltmacht. Zusammen mit anderen Erscheinungen spanischer Politik, Zivilisation und Kultur dehnte sich fortan auch die Inquisition in andere Einflusssphären aus – auf der Iberischen Halbinsel selbst, in Italien, den Niederlanden, kurz auch in England sowie in den spanischen Herrschaftsgebieten auf dem amerikanischen Kontinent. Zwischen 1580 und 1640 gerieten Portugal und seine überseeischen Besitzungen unter die Herrschaft der spanischen Krone, sodass die eigenen portugiesischen Inquisitionstribunale im Mutterland und in Indien in dieser Zeit zu einem Teil der spanischen Inquisition wurden. So wie die mittelalterliche Inquisition ihren Ursprung außerhalb Spaniens hatte, existierten auch separate Tribunale, insbesondere in Italien, bis in die frühe Neuzeit hinein.

Pufferstaat Navarra
Das kleine, zwischen Spanien und Frankreich gelegene Pyrenäenreich Navarra kam rechtlich erst 1513 unter die Zuständigkeit der spanischen Inquisition, nachdem das Land im Jahr zuvor von Ferdinand der Krone Kastilien einverleibt worden war. Die Unabhängigkeit Navarras war jedoch schon vorher eingeschränkt, vor allem seit es zu Anfang des 15. Jahrhunderts unter die Herrschaft der Trastámara-Dynastie geraten war. Navarra

kam ins Visier der Inquisition, als einige Beteiligte am Mordkomplott gegen den Inquisitor von Zaragoza, Pedro Arbués, im September des Jahres 1485 nach Tudela im südlichen Navarra flohen. Von da an setzten die Bürger von Tudela, in dessen Mauern einst große jüdische und muslimische Gemeinschaften gelebt hatten, allen Einmischungsversuchen der aragonesischen Inquisition erbitterten Widerstand entgegen; die Inquisitoren ihrerseits bemühten sich hartnäckig, die Verdächtigen des Arbués-Attentats und andere nach Navarra geflohene Conversos dingfest zu machen. Trotz eines Briefes Papst Innozenz' VIII. vom April 1487, durch den alle Amtsträger Navarras aufgefordert wurden, bei der Verhängung von Exkommunikationen mit der aragonesischen Inquisition zusammenzuarbeiten, kam es erst im Februar 1488 zu einem Kompromiss zwischen den Repräsentanten Tudelas auf der einen Seite und den Katholischen Königen auf der anderen Seite. Obwohl es bis zur Annexion von 1512 kein eigenes Tribunal für Navarra gab, unterstand das kleine Königreich nun doch der aragonesischen Inquisition. Unter diesen Umständen ist es vielleicht überraschend, dass das Königspaar von Navarra, Katharina und Johann von Albret, eine Vielzahl jüdischer Flüchtlinge aus Aragón und Kastilien nach der Verkündung des Vertreibungsdekrets von 1492 aufnahmen, bis das Königreich sein eigenes Edikt zu Beginn des Jahres 1498 erließ. Zu dieser Zeit gab es nur noch wenige Juden in Navarra, die Inquisition reizte jedoch die Anwesenheit der Conversos, von denen viele aus den Fängen der Inquisitionstribunale in Aragón und Kastilien entwischt waren. Wie auch sonst auf der Halbinsel, lag das Hauptaugenmerk der Inquisition bis ins 16. Jahrhundert hinein auf solchen »Neuchristen«. Niedernavarra, der nördlich der Pyrenäen gelegene Teil des Königreiches, verblieb in den Händen des Hauses Albret und fiel dann an die Krone Frankreich. Hier traten große Teile des

Adels und Bürgertums im 16. Jahrhundert zum Protestantismus über: Das berühmteste Beispiel ist König Heinrich IV. von Navarra und Frankreich, von mütterlicher Seite ein Albret und lange Führer der Hugenotten.

In Spanisch-Navarra hatte die Inquisition anfangs ihren Sitz im ehemals oppositionellen Tudela, obwohl der Vizekönig und die Cortes den Hauptsitz der Inquisition gerne in ihrer Hauptstadt Pamplona gesehen hätten. Als die Armeen Franz' I. von Frankreich 1521 in Navarra einfielen, flohen die Inquisitoren von Tudela nach Calahorra, dem sofort, trotz seiner Zugehörigkeit zur kastilischen Jurisdiktion in Valladolid, auch die Zuständigkeit für Navarra zugesprochen wurde. 1570 ließ sich dieses Tribunal schließlich in Logroño nieder, dem zentralen Ort zwischen den navarresischen und baskischen Territorien. Hier erfolgte die vollständige Eingliederung in die Inquisition von Kastilien und Aragón und unter die Zuständigkeit der Suprema in Madrid.

Portugal zwischen Asyl und Judenverfolgung

Ebenso wie die benachbarten spanischen Königreiche, verfügte das spätmittelalterliche Portugal über eine bedeutende jüdische Gemeinde, die Ende des 15. Jahrhunderts etwa 30000 Köpfe zählte; das sind drei Prozent der Gesamtbevölkerung. In den wichtigsten Städte, namentlich in Lissabon und Porto sowie im Bereich der spanischen Grenze, mögen Juden bis zu zehn Prozent der Bewohner ausgemacht haben. Im Jahre 1392, als die Juden in Kastilien und Aragón Angriffen auf Leib und Leben, wachsendem gesetzlichen Druck und den Predigten christlicher Missionare ausgesetzt waren, erhielten ihre portugiesischen Glaubensbrüder von der neuen Monarchie des Hauses Avis den erneuerten Schutz ihres rechtlichen und religiösen

Status' zugesichert. Einige spanische Juden und Conversos nutzten diese königlich-portugiesische Politik und ließen sich im benachbarten Königreich nieder. Die Spannungen erhöhten sich, als im Jahre 1480 die spanischen Inquisitoren in Andalusien ihre Arbeit aufnahmen und Portugal zum Fluchtpunkt für Conversos wurde. Die neuen Immigranten trugen jedoch das Stigma, falsche Christen zu sein, und bald kam es, beispielsweise in Lissabon, zu Gewaltakten gegen sie. König Johann (João) II. reagierte auf diese Unruhen, setzte ein Gremium von Inquisitoren für das Königreich ein und gestattete den Conversos, in ein anderes christliches Land auszuwandern. Einige verurteilte Judaisierende wurden in Lissabon und Santarém verbrannt; eine kleinere Zahl einheimischer portugiesischer Juden warf man ins Gefängnis, weil sie unter den Conversos Abwerbungen vorgenommen haben sollen. In diesem Klima der Furcht und der Verdächtigungen begann die christliche Bevölkerung ihre jüdischen Landsleute für die Probleme des Landes verantwortlich zu machen; auch den Ausbruch der Pest lastete man ihnen an. Zusätzlich nahmen christliche Predigten die Juden aufs Korn. Die Integrationsschwierigkeiten nahmen die Form einer Krise an, als Tausende von Flüchtlingen nach Portugal strömten. Schätzungsweise sollen damals etwa 20 000–30 000 spanische Juden die Grenze überschritten haben. Probleme erwuchsen vor allem daraus, weil sich die Zahl der Juden in Portugal praktisch verdoppelte. Eine neue Pestepidemie stachelte die Feindseligkeiten gegen die Neuankömmlinge weiter an.

Johann II. befürwortete die Ansiedlung zumindest der wohlhabendsten Juden, jedoch für einen Preis von 6000 *cruzados* für jede der 600 Familien; für den Rest erhob man niedrigere Gebühren. Allerdings schienen die reichen Juden in der Minderzahl zu sein; viele der Immigranten waren Handwerker, die – wie man befürchtete – eine Konkurrenz für die einheimische

Bevölkerung darstellten. Hinzu kam, wie so oft in humanitären Krisen dieser Art, dass manche spanische Juden die Einreisegebühren an den Grenzen vermieden und illegal ins Land einreisten und damit besonders angreifbar waren. In Portugal gab es zu dieser Zeit nur die althergebrachte bischöfliche Inquisition, und als Juden unterstanden die neuen spanischen Immigranten nicht den normalen Kirchengerichten oder den aktuellen Inquisitionsgerichten. Indessen war die Königsmacht weit davon entfernt, der Mehrheit der Flüchtlinge Schutz und Sicherheit zu gewähren. Vielmehr nahm man den spanischen Juden, welche die Einreisegebühr von acht Cruzados nicht bezahlen konnten oder illegal ins Land gekommen waren, die jüngeren Kinder weg. Die unglücklichen Kinder brachte man auf die Insel São Tomé vor der westafrikanischen Küste; dort wurden sie christlich indoktriniert und mussten harte Arbeit in der boomenden Zuckerindustrie verrichten. Am 19. Oktober 1492 erließ Johann II. ein Gesetz, in dem zum Christentum übergetretenen spanischen Juden soziale und fiskalische Privilegien eingeräumt wurden. Viele ließen sich taufen, um der drohenden Kronknechtschaft zu entgehen. Der portugiesische König dachte bereits 1493 daran, ein eigenes Vertreibungsdekret gegen seine einheimischen und immigrierten jüdischen Untertanen zu erlassen. In diesem und im nächsten Jahr drängte er die Juden, sich taufen zu lassen oder auszuwandern, obwohl die reichen Mitglieder der jüdischen Gemeinden weiterhin die seefahrerischen Aktivitäten der Krone finanziell unterstützten.

Am 25. Oktober 1496 starb Johann II., und sein Schwiegersohn Manuel, Herzog von Beja, folgte ihm auf dem Thron. Anfangs gebot Manuel den antijüdischen Gewaltakten Einhalt und garantierte den Juden nicht nur ihre bestehenden Privilegien, sondern befreite auch alle, die der Kronknechtschaft unterstanden. Die Hoffnungen der Juden wurden jedoch enttäuscht, als man ihre Vertreibung aus Portugal zu einer Bedingung für seine Vermählung mit Isabella, der Tochter Ferdinands und Isabellas der Katholischen, machte. Wie auch in Spanien, scheint der Hauptzweck des Edikts von 1497 die Konversion und nicht die Vertreibung gewesen zu sein. Keine spezialisierte Inquisition erwartete die Konvertiten, denn sie wurden für zwanzig Jahre nach ihrer Taufe von jeglicher Untersuchung ihres Glaubens und ihrer religiösen Praktiken befreit. Portugiesisch-christliche Quellen, unter ihnen der humanistische Chronist Damião de Gois vom Anfang des 16. Jahrhunderts, berichten, dass etliche der »neuen Christen« auch ohne die Anwesenheit der Inquisition entsetzliche Gewalt und Grausamkeiten erdulden mussten. Das auf den 5. Dezember 1496 datierte Vertreibungsedikt räumte den Juden ein Jahr zum Verlassen des Landes ein (an die Muslime erging eine ähnliche Order), und alles geschah unter Anwendung offiziell geförderten Betrugs – allerdings seitens der Monarchie und nicht seitens der Kirche. Während man den Muslimen im April 1497 friedlich das Land zu verlassen befahl – ironischerweise unter spanischem Geleitschutz –, zeigte der König kein Interesse daran, die wirtschaftlich aktiven Juden zu verlieren. Nach Gois und anderen Chronisten scheint Manuel geplant zu haben, die Zwangstaufe der Juden am Ostersonntag 1497 durchzuführen, nachdem man die unwilligen Neophyten in Lissabon versammelt hatte. Aus undichten Stellen in der königlichen Ratsversammlung war durchgesickert, dass der Plan in einem Monat, zu Beginn der Fastenzeit, ausgeführt werde. Das Ergebnis war eine grausame und zynische zweigleisige Strategie, würdig staatlicher Gewaltaktionen späterer Jahrhunderte. Als Erstes wurden den Eltern ihre Kinder entrissen – wie schon 1494 –, so als wollte man sie fortschaffen und gewaltsam taufen. Einige Eltern töteten ihre Kinder durch Ersticken oder Ertränken, um sie vor dem Taufbecken zu retten. Andere wurden von »Altchristen« aufgenommen, die Mitleid mit ihnen hatten. Dann aber trat der zweite Teil des Planes in Kraft: Die erwachsene jüdische Bevölkerung wurde in einem Viertel der Stadt Lissabon namens Os Estãos »konzentriert« – man hatte ihnen gesagt, sie würden auf Schiffen außer Landes gebracht. Stattdessen unterzog man sie der Zwangstaufe – und gab ihnen ihre Kinder zurück. Auf diese Weise schuf man eine weitgehend, wenn nicht vollständig frustrierte »neuchristliche« Bevölkerung, die der spanischen und später der portugiesischen Inquisition ein weites Betätigungsfeld bot und deren Nachkommen die sephardische Diaspora in Europa und andernorts verstärkten. So lautet der überkommene Bericht der Chroniken, aber aus Archivmaterial geht hervor, dass sich längst nicht alle Juden in Lissabon eingefunden hatten und dass nicht alle von ihnen getauft wurden. Obwohl die Juden bis Ende September 1497 Zeit hatten, Portugal zu verlassen, begann die Krone schon vor Ostern desselben Jahres damit, die Synagogen und ihr Inventar zu konfiszieren. Am 19. März, am Palmsonntag, dem Sonntag vor Ostern, kam es bereits zu Zwangstaufen, und danach wurde die letzte Ausreisefrist von der Krone auf den 30. Mai 1497 festgelegt. Alle Juden, die sich vor diesem Datum taufen ließen, gingen straffrei aus für alle Vergehen, die sie vorher begangen haben mochten; die danach getauften Juden erhielten kein Pardon.

Trotz der »Übereinkunft« von 1497 bat Manuel I. den Papst, eine Inquisition für Portugal bereits für 1515 zu genehmigen, allerdings ohne Erfolg. Ohne Zweifel stand der König unter dem Einfluss der stark conversofeindlichen Einstellung der »Altchristen«, die bereits an Ostern 1506 zu wüsten Ausschreitungen gegen die »Neuchristen« in Lissabon geführt hatte. Manuels Nachfolger Johann III. bekräftigte zunächst die Befreiung der Conversos (wie in Spanien bezog sich das Wort auch

Der Königspalast in Barcelona, Residenz der Könige von Aragón und Sitz eines Inquisitionstribunals. Im Rahmen der Expansion der Krone Aragón in den westlichen Mittelmeerraum wurde die Inquisition auch in Sizilien und Sardinien eingeführt.

auf die Nachkommen getaufter Juden) von Nachforschungen nach ihrer christlichen Rechtgläubigkeit, aber nachdem 1531 die jüdisch-messianische Bewegung unter David Reuben das Königreich Portugal aufgeschreckt hatte, erhielt der König endlich die erforderliche Bulle aus der Hand Papst Pauls III. Sie datierte vom 23. Mai 1536 und ernannte als Inquisitoren die Bischöfe von Coimbra, Ceuta und Lamego. König Johann erhielt die Erlaubnis, aus den Reihen der Bischöfe, Kleriker, Theologen und Kanonisten seines Reiches einen vierten Inquisitor zu benennen. Die Bulle wurde am 22. Oktober 1536 in Évora öffentlich bekannt gemacht. Der erste Generalinquisitor war der Bischof von Ceuta, Diogo da Silva, ein Franziskanerpater und Beichtvater des Königs. Vier Jahre später fand in Lissabon das erste *auto de fe* statt. Von Anfang an nahm die Krone aktiven Anteil an den Verfahren der Tribunale. Im Gegensatz zu ihrem spanischen Gegenstück wurde die portugiesische Inquisition niemals auf dem amerikanischen Kontinent eingeführt. Brasilien war also frei von inquisitorischen Aktivitäten, für den »Staat Indien« (»Estado da India«), der Besitzungen in Afrika und Indien umfasste, traf dies jedoch nicht zu. In Asien machte man die Kolonie Goa zum Zentrum der Inquisition. Dort wurde im Jahre 1543 ein »neuchristlicher« Arzt namens Jerónimo Dias nach einem hastig geführten bischöflichen Prozess verbrannt. Eine institutionelle Inquisition gab es in Goa erst 1560; sie fungierte dort bis zu ihrer Abschaffung im Jahre 1812 als Untersuchungsorgan für konvertierte Juden portugiesischer Herkunft und zunehmend auch für ehemalige Angehörige indischer Religionen, die zum Christentum übergetreten waren.

Inquisition im spanischen Italien
Die Politik Ferdinands gegenüber den Juden und Conversos in seinen Festlandsterritorien Aragón und Katalonien fand auch bald Anwendung in seinem Inselreich Sizilien, das seit dem 13. Jahrhundert in keineswegs unangefochtenem aragonesischen Besitz war. Im Gegensatz zum übrigen Italien hatten die Inquisitionsbehörden ihren Ursprung in Spanien und nicht in Rom – und das Hauptaugenmerk lag auf »Judaisierenden« unter den »Neuchristen«. Nach einer Zählung des jüdischen Rates der Insel im Jahre 1489 gab es etwa 6300 jüdische Haushalte in Sizilien; die größten Gemeinden befanden sich in Palermo (850) und Messina (400). Wie auch in Spanien, wurde am 31. März 1492 ein Vertreibungsedikt erlassen, aber die sizilianischen Angelegenheiten präsentieren sich in größerer sachlicher Klarheit, während die Dinge auf der Halbinsel komplexer und widersprüchlicher erscheinen. Ähnlich wie im Falle Kastilien

und Aragón, wurde das Edikt für die Insel in einer eigenen Fassung erstellt und lässt in den einzelnen Maßnahmen deutlich die Rolle Torquemadas und der Inquisition erkennen. Hier wie in anderen Territorien der Krone Aragón kam der Widerstand gegen den Vertreibungsbefehl weitgehend von den Führern der christlichen Mehrheitsbevölkerung und basierte auf konstitutioneller Opposition gegen die Ausbreitung kastilischer Institutionen. Das Edikt wurde dennoch erlassen, und die sizilianischen Juden mussten wählen, entweder das Land zu verlassen oder das Christentum anzunehmen. Im letzteren Fall durften sie ihren Besitz behalten und weiterhin in Sizilien leben. Damit schuf man eine neue Gruppe von »Judaeo-Conversos«, die freilich bald ins Visier der Inquisition geriet. Wie in Portugal gab es zwanzig Jahre lang kein spezifisch sizilianisches Tribunal, aber Torquemada und seine Nachfolger als Generalinquisitoren schalteten sich mit Unterstützung des Königs von Anfang an in die Angelegenheiten der jüdischen Christen Siziliens ein. Am 8. November 1500 wurde ein Glaubensedikt in Palermo veröffentlicht, aber erst 1511 konnte die Inquisition ihre Tätigkeit aufnehmen. Zu deser Zeit ging man allgemein davon aus, dass Judaisierung unter den »neuen Christen« eine gewöhnliche Erscheinung sei. Zwischen 1511 und 1550 wurden dann auch nicht weniger als 1850 von ihnen entweder mit der Kirche »versöhnt« oder dem »weltlichen Arm« zur Verbrennung ausgeliefert. Danach gab es praktisch keine Prozesse mehr gegen Conversos, aber in der ersten Hälfte des 16. Jahrhunderts hatte die sizilianische Inquisition dem übrigen Italien ein Beispiel bisher nie dagewesener Gewalt geboten. In der zweiten Hälfte des Jahrhunderts und auch noch später folgte das Tribunal dem Vorbild seines spanischen Gegenstücks und erweiterte seine Tätigkeit auf Anhänger protestantischer und anderer abweichender Ideen. Antispanischer Widerstand auf der Basis wirklicher oder angenommener konstitutioneller Gründe flackerte von Zeit zu Zeit auf und richtete sich häufig gegen die Inquisition.

Im Falle Sardiniens ist es wegen der schlechten Quellenlage äußerst schwierig, die Tätigkeiten des Inquisitionstribunals für die zweite Hälfte des 16. Jahrhunderts zu beurteilen, aber wir wissen, dass ein Vertreibungs-, respektive Konversionsedikt am 31. März von der aragonesischen Kanzlei veröffentlicht wurde und dass – wie in Sizilien – inquisitorische Aktionen für zwanzig Jahre ausgesetzt wurden. Im übrigen Italien wirkte indessen die römische und nicht die spanische Inquisition.

Die römische Inquisition

Die Inquisition hatte natürlicherweise als päpstliche Institution begonnen. Bereits 1262 fungierte ein Kardinal als Generalinquisitor, und 1289 beispielsweise arbeitete ein Tribunal in Venedig. Rom blieb weiterhin die höchste Autorität bei allen inquisitorischen Handlungen, selbst in Spanien nach 1478, es kam aber zu einer Ausweitung seiner Autorität auf andere Teile Westeuropas, einschließlich Deutschlands, Englands und Italiens selbst. Als Reaktion auf die Wirren der vergangenen zwei Jahrzehnte, richtete Papst Paul III. am 4. Juli 1542 an der Kurie zu Rom ein neues Gremium ein: Die »Kongregation der Römischen und Universellen Inquisition« oder »Kongregation des Heiligen Offiziums«. Die neue »Römische Inquisition«, wie sie gewöhnlich genannt wurde, bestand ursprünglich aus sechs Kardinälen unter der Leitung des Giovanni Pietro Carafa, des späteren Papstes Paul IV. (1555–1559). Carafas Inquisition war bestrebt, Tribunale in anderen Teilen Italiens ins Leben zu rufen und auch zu kontrollieren. Ein wichtiges Tribunal hatte seinen Sitz in Venedig; hier wurden in der zweiten Hälfte des

Jahrhunderts zahlreiche Prozesse über den Glauben und die religiösen Praktiken spanischer und portugiesischer Juden geführt.

Amerika

Bereits 1522, nur ein Jahr nach der Eroberung der Aztekenhauptstadt Tenochtitlán durch Hernán Cortés, erreichte die spanische Inquisition die Neue Welt. Es versteht sich, dass sich die Inquisitionstätigkeit auf jüdische Konvertiten konzentrierte, die auf die Westindischen Inseln oder das amerikanische Festland ausgewichen waren, um Verfolgungen in Spanien zu entgehen. Hierauf fußend hat man die Meinung geäußert – freilich ohne jede dokumentarische Basis –, dass Christoph Columbus selbst Jude gewesen sei und seine Schiffe mit Juden und Conversos bemannt habe. In Wahrheit bezogen sich die Prozesse auf spanische Conversos und eingeborene Amerikaner gleichermaßen, auch wenn es offiziellen Widerstand dagegen gab, Indianer der Inquisition zu unterwerfen. Auf Grund eines Erlasses Philipps II. von 1571 waren die Diözesen für die Eingeborenen Amerikaner zuständig. Nach 1580 nahmen in Mexico die Prozesse gegen verdächtigte Judaisierende deutlich zu, als portugiesische Juden oder Neuchristen (vgl. Kapitel 8) vor der spanischen Herrschaft in die Neue Welt flohen. In der Zwischenzeit, seit den 1520er Jahren, hatte die weitgehend franziskanische Mission auf der mexikanischen Halbinsel Yucatán eingeborene, getaufte Amerikaner wegen Rückfalls in den »Götzendienst«, das heißt in ihre alte Religion, verfolgt. Damit war für die Gesamtdauer der spanischen Herrschaft der Rahmen für die Unterdrückung abweichender Glaubenspraktiken gesteckt. Die Kirche führte einen Krieg nach zwei Fronten hin:

Zum einen gegen Ketzerei unter den Kolonisten europäischer Herkunft, die direkt aus Spanien oder anderen Ländern gekommen waren und Siedler- oder Kreolenfamilien angehörten, zum anderen gegen angebliche Überbleibsel der einheimischen Religionen eingeborener Amerikaner. In der Periode zwischen den ersten spanischen Eroberungen im 16. Jahrhundert und etwa 1800 wurden in Mexico und Peru die traditionellen europäischen Kämpfe zwischen der Inquisition und der Kirchenhierarchie erneut ausgefochten. So kombinierte man den Kampf gegen das Judentum mit den Kampagnen zur »Ausrottung des Götzendienstes«, wie man es nannte. Das Ergebnis war ein nahezu dauerhafter Konflikt zwischen der Kirche und den Siedlern einerseits und zwischen der Inquisition, den Diözesanbischöfen und ihrem Klerus andererseits. Allgemein herrschte die Ansicht unter den Spaniern, dass die Weitergabe des Christentums an die eingeborene Bevölkerung weitaus subtilere und umfassendere Kontrollmethoden erfordere als die traditionelle europäische Inquisition. In der Zwischenzeit jedoch musste sich auf der anderen Seite des Atlantiks die spanische Version der Inquisition mit einem Problem befassen, das ihren Ursprüngen wesentlich näher stand – mit dem Aufstieg des Protestantismus' in Nordeuropa.

Panische Angst in den Niederlanden

Die niederländischen Provinzen, die seit 1506 dem habsburgischen Thronfolger Karl, dem Enkel von Kaiser Maximilian, unterstanden, wurden zu einem spanischen Interessengebiet, als Karl den Thron von Kastilien und Aragón im Jahre 1516 bestieg (Karl I. von Spanien) und bald darauf, 1519, auch die österreichischen Länder erbte und Kaiser des Heiligen Römischen Reiches wurde (Karl V.). Die wohlhabenden niederländischen

Fürstentümer (Flandern, Hennegau, Holland, Seeland, Friesland, Brabant u. a.) waren Teil des von den burgundischen Herzögen ererbten Hausbesitzes der Habsburger. War Karl V. doch der Urenkel des letzten Burgunderherzogs, Karls des Kühnen, dessen Tochter Maria von Burgund mit dem künftigen Kaiser Maximilian vermählt worden war. Die Herzöge von Burgund entstammten einer Linie der französischen Königsdynastie der Valois und hatten sowohl Gebiete der Krone Frankreich (u. a. ihr Stammland Burgund) als auch Länder des Heiligen Römischen Reiches in ihrem Besitz. Wie in allen anderen Territorien des spätmittelalterlichen Westeuropa gab es auch in den Niederlanden Ketzergesetze, für deren Durchsetzung die Kirchengerichte in Zusammenarbeit mit verschiedenen Bereichen der weltlichen Obrigkeit der jeweiligen Region zuständig waren. Als im Jahre 1556 Karl kurz vor seinem Lebensende sein riesiges Herrschaftsgebiet definitiv teilte, erhielt sein Sohn Philipp II. von Spanien die gesamten Niederlande, und dies trotz des Umstandes, dass ein Teil des Territoriums der Lehnshoheit des Reiches unterstand, dessen Krone Karls Bruder Ferdinand tragen sollte. Das Aufkommen des Protestantismus begleitete die Regierung des Kaisers von Anfang an; bereits 1521 ließ er Martin Luther vor den Reichstag zu Worms laden. Zahlreiche Versuche einer Zurückdrängung der Protestanten, aber auch der Versöhnung zwischen den katholischen und protestantischen Fürsten schlugen fehl. Der Protestantismus war somit in Deutschland, Frankreich und England, und ganz besonders im engeren Heimatland des Kaisers, den Niederlanden, zu einem Kardinalproblem geworden. Wenige Jahre nach dem Tode Karls V. brach dort ein offener Konflikt aus, ein jahrzehntelanger Bürgerkrieg, in dem spanische Besatzungsarmeen, aber auch Heere und Flotten der Aufständischen (»Geusen«) die flämischen und holländischen Gebiete verwüsteten. Viele Aspekte spielten beim später so genannten »Niederländischen Aufstand« oder »Abfall der Niederlande« (1559) eine Rolle, und zweifellos gehörte die Frage der Häresie und ihre versuchte Unterdrückung dazu. In der Periode zwischen Philipps Thronbesteigung und 1560 war die bischöfliche Inquisition sehr aktiv und ließ Dutzende von Protestanten verbrennen – Lutheraner wie Calvinisten. Allerdings war es allein das Gerücht, der König beabsichtige, die spanischen Tribunale in den Niederlanden einzuführen, welches maßgeblich die Rebellion auslöste. In diesem Falle genügte also bereits der vorauseilende Ruf der Inquisition, nicht einmal ihre Einführung, um in einem bereits durch religiöse und politische Gegensätze zerrissenen Lande fatale Konsequenzen zu zeitigen. Auf diese Weise entstand die »Schwarze Legende« Spaniens (siehe Kapitel 10).

England: die Zeit der Religionsverfolgungen
Philipps Ankunft in England am 20. Juli 1554 hatte auf den Britischen Inseln ähnliche Befürchtungen genährt. Er kam als neu eingesetzter König von Neapel und Herzog von Mailand, als spanischer Thronerbe und zukünftiger Prinzgemahl von England. Sein Empfang fiel bei den Engländern, um es gelinde auszudrücken, gemischt aus, denn von Anfang an war klar, dass die Wiedereingliederung Englands unter die Botmäßigkeit Roms für Maria Tudor und ihren neuen Gemahl an erster Stelle stand. Marias Herrschaft sollte wegen der gewaltsamen Unterdrückung der zuvor unter Eduard VI. rechtmäßig reformierten Kirche als dunkles Kapitel in die Geschichte eingehen und ihr den furchtbaren Beinamen »die Blutige« eintragen. Als der spanische König 1557 England verließ und die Königin 1558 starb, waren 300 Menschen den religiösen Verfolgungen zum Opfer gefallen. Das Rechtsverfahren, das zu ihrem Tode führte, hatte jedoch

nichts mit der »Spanischen Inquisition« zu tun. Gewiss wurden inquisitorische Verfahren angewendet, insbesondere von dem eifernden Bischof Bonner von London, sie wurden aber unter Kontrolle des Parlaments durchgeführt. Im Januar 1555 griff das Parliament auf das Gesetz Heinrichs IV. von 1401 »Über das Verbrennen von Ketzern« zurück, das sich vor allem gegen die Anhänger des Oxforder Theologen John Wyclif (ca.1330–1384) gerichtet hatte. Somit spielten die weltlichen Autoritäten in England eine noch bedeutendere Rolle als in Spanien und Portugal. Wie auch im Falle der Niederlande, kam es in England jedoch niemals zu einer formellen Einsetzung der spanischen Inquisition, und die Nachfolgerin Marias, ihre Halbschwester Elisabeth I., stellte die königliche Kirchenpolitik wieder auf die Grundlage des von Heinrich VIII. begründeten anglikanischen Staatskirchentums der Tudor.

ACHTES KAPITEL
Konsolidierung und Krise

Eine Stütze der Gesellschaft?
Für Menschen, die die Zwangsherrschaft jüngerer repressiver Organisationen am eigenen Leibe erfahren haben oder mit ihr auf andere Weise in Berührung gekommen sind, ist es vielleicht besonders schwer zu verstehen, dass die spanische Inquisition in der zweiten Hälfte des 16. Jahrhunderts im eigenen Lande allgemein recht beliebt war. In seinen Anfangszeiten hatte das Tribunal Ferdinands und Isabellas erhebliche Furcht verbreitet, sowohl bei den Conversos, wie auch bei den Traditionalisten, welche die Übergriffe auf verfassungsrechtliche Gewohnheiten missbilligten, insbesondere im Gebiet der Krone Aragón. Die verfügbaren Quellen indessen legen nahe, dass die Inquisition von den meisten Spaniern, wenn schon nicht mit großer Zuneigung, so doch mit Respekt als eine tragende Stütze der Gesellschaft angesehen wurde. Obwohl die Inquisitoren im 16. Jahrhundert weitestgehend ortsfest waren, unternahmen sie regelmäßige Visitationsreisen in ihrem Einzugsgebiet. Diese Besuche konnten viel Zeit in Anspruch nehmen, doch im Laufe der Zeit verkürzten sich die Visitationen, namentlich in der Region zwischen Toledo und Galicien. Schon immer hing die Arbeit der Inquisition, in Spanien und anderen Ländern, von der Mithilfe der Angeklagten und ihrer Nachbarn ab. Im 16. und 17. Jahrhundert scheint sich bei der Inquisition eine Art bürokratische Routine eingestellt zu haben. Im Allgemeinen hatten die lokalen Tribunale immer weniger Freiheit für eigene Initiativen und waren mehr und mehr gehalten, ihre Fälle zur

Entscheidung und zur Bestätigung an die Suprema in Madrid weiterzuleiten. Diese Tendenz sollte beachtliche Auswirkungen auf die wissenschaftliche Beschäftigung mit der Inquisition haben. Die Verluste an Gerichtsakten waren groß, sowohl in der Frühzeit vor 1500, besonders aber in den Wirren der Endzeit der Inquisition Anfang des 19. Jahrhunderts (siehe Kapitel 9). Das bedeutet, dass sich wissenschaftliche Studien über die Frühzeit der modernen Inquisition in Spanien weitgehend auf das Zentralarchiv der Inquisition in Madrid stützen müssen (jetzt untergebracht im Archivo Histórico Nacional), mit starken Auswirkungen auf unser Bild von der Inquisition. Von Inquisitoren vor den Prozessen gesammelte Materialien sind praktisch unbekannt, einmal abgesehen von den Anklageregistern, die vom Tribunal von Soria und Osma de Burgo zwischen 1486 und 1502 zusammengestellt wurden. Notarielle Niederschriften der Prozesse existieren in wesentlich größerem Umfang, die Hauptquelle indessen für eine systematische und bis zu einem gewissen Grade auch statistische Erforschung der Inquisition nach etwa 1540 bilden die Korrespondenz zwischen den lokalen Tribunalen und der Suprema sowie die so genannten *relaciones de causas* oder Berichte über Rechtsfälle, die vor den Tribunalen verhandelt wurden.

Angesichts der konservativen Haltung der Inquisition selbst und ihrer Hauptstützen – der spanischen Monarchie sowie der maßgeblichen spätmittelalterlichen Inquisitionshandbücher, wie das des Eymerich (einschließlich der erweiterten römischen Neuausgabe durch Francisco Peña, 1578) – ist es nicht verwunderlich, dass die wichtigsten Verfahrensneuerungen erst nach dem frühen 16. Jahrhundert erfolgten. Es wäre allerdings falsch, aus diesem Umstand nun schließen zu wollen – wie bei zeitgenössischen und späteren Propagandisten üblich –, dass die Inquisition unbeweglich und monolithisch war. Auch wenn sich die grundlegenden Richtlinien ihres Vorgehens nicht veränderten, entwickelte sich die Organisation in ihrer praktischen, institutionellen Arbeit und in ihrer Ausrichtung auf verschiedene Bevölkerungsgruppen stetig weiter und erwies sich oft als bemerkenswert pragmatisch, bedenkt man den totalitären Charakter ihrer proklamierten Zielsetzung und ihrer Rhetorik. Dieser Pragmatismus manifestiert sich in den Elementen Anklage, Arrest und Prozess. Lokale Tribunale waren befugt, die Bedingungen der von ihnen veröffentlichten Glaubensedikte abzuwandeln, oder – wie im Falle der katalanischen Inquisition nach 1580 –, solche Edikte gar nicht erst zu publizieren. Obwohl im 16. Jahrhundert an einigen Orten spezielle Gefängnisbauten errichtet wurden (siehe Kapitel 6), war Gefängnishaft eher den Angeklagten vorbehalten als den Verurteilten. Somit war es wahrscheinlich, dass die Gefangenen der Inquisition ihre Zeit im Gefängnis verbrachten, solange ihr Fall verhandelt wurde, und nicht als Ergebnis eines Urteils, selbst nicht eines Urteils auf lebenslange Gefängnishaft. Während der gesamten frühen Neuzeit wurden die Inquisitionsgefängnisse oft vergleichsweise günstiger beurteilt als die Gefängnisse der Bischöfe oder der weltlichen Gewalt.

Die Folter

Neben der Geheimhaltung bei Denunziationen und Verhören konzentriert sich die Kritik der modernen Inquisitionsgegner auf die Anwendung der Folter. Es sollte jedoch daran erinnert werden, dass die »Königin der Beweise« eine so allgemeine Erscheinung bei weltlichen und kirchlichen Gerichten der frühen Neuzeit war, dass die Folter selbst normalerweise nicht als besonderer Kritikpunkt gegen das spanischen Heilige Offizium Anstoß erregte, einmal abgesehen von den letzten Jahrzehnten

Folter: Vorbereitung eines Angeklagten für die Streckbank. Holzschnitt aus einem Rechtshandbuch des 16. Jahrhunderts.

ihrer Existenz. Die Folter blickt in der Geschichte der Westkirche auf einen respektablen Stammbaum zurück. Hieronymus, der Übersetzer der lateinischen Vulgatabibel (ca. 345–430), meinte, solche Torturen könnten die Wahrheit ans Licht bringen; Petrus Lombardus (ca. 1100–1160), der Verfasser der »Sentenzen«, des grundlegenden, im Zentrum der universitären Ausbildung stehenden Bibelkommentars, wie auch Thomas von Aquin (ca. 1224–1274) glaubten, eine der Freuden der Auserwählten im Himmel sei es, auf die Torturen der Verdammten herabzusehen. Die Instruktionen der Inquisitoren von 1561 enthalten keine Einzelheiten darüber, welche Regeln bei der Folter beachtet werden sollen, aber die Praxis deutet darauf hin, dass man sie als letztes Mittel anwendete, und das auch nur bei einer Minderheit der Fälle. Dennoch wurden, zumindest bis in die Mitte des 18. Jahrhunderts, Hunderte von Menschen der Folter unterzogen. Die Folter war ein Mittel der Beweisaufnahme und wurde nicht als Strafe eingesetzt. Da kirchliche Gerichte kein Blut vergießen durften, wurde die Folter allgemein von weltlichen Exekutoren vollzogen, im Beisein der Inquisitoren, eines Vertreters des örtlichen Bischofs und eines Gerichtsschreibers, der das Verfahren protokollierte.

Die Inquisition wendete drei Foltermethoden an: Die erste, die *garrucha*, bestand aus einer an der Raumdecke befestigten Seilrolle; daran hängte man den Gefangenen an seinen Armen auf und befestigte schwere Gewichte an seinen Füßen. Die Folter bestand darin, dass man den Angeklagten langsam zur Decke hochzog und ihn mit einem plötzlichen Ruck fallen ließ; dabei wurden Arme und Beine gestreckt und häufig aus den Gelenken ausgekugelt. Bei der zweiten Methode, der *toca*, fixierte man den Gefangenen auf einer Folterbank, öffnete gewaltsam seinen Mund und goß ihm durch ein Leinentuch (*toca*) beständig Wasser in den Mund. Die dritte, vor allem nach 1600 angewendete Foltertechnik war der *potro*; dabei fesselte man den Gefangenen mit Stricken an eine Streckbank und spannte sie nach den Anweisungen der Inquisitoren. Männer und Frauen wurden bis auf wenige Kleiderfetzen entkleidet, und die Prozedur wurde viele Male wiederholt, um den Angeklagten in einen Zustand völliger Willenlosigkeit zu versetzen. Jeder Hinweis darauf, die Folter der Inquisition sei »milder« als die der weltlichen Gerichte gewesen, kann die Furchtbarkeit solcher Torturen nicht verharmlosen.

Selbstdarstellung

Als die Inquisition im 16. und 17. Jahrhundert zunehmend zum Symbol des imperialen Spanien wurde, erhielt die Organisation ein eigenes Wappenzeichen, ähnlich einem »Unternehmenslogo« des 20. Jahrhunderts. Das Wappen zeigt in der Mitte ein Kreuz als Symbol der Erlösung der Menschheit durch Christus, einen Olivenzweig als Zeichen der Gnade und ein Schwert als Instrument der Gerechtigkeit und der Bestrafung. Oft ist dieses Emblem mit einer Umschrift aus Psalm 73 Vers 23 (Psalm 74,22 der protestantischen Bibel) versehen: »Mach dich auf, Gott, und führe deine Sache.« Dieses Emblem erschien an so unterschiedlichen Stellen wie Gebäuden, Bannern, Siegeln, Amtsuniformen, Dokumenten, ja sogar an Tintenfässern und Tafelgeschirr. Mit der Verbreitung des Inquisitionsemblems entwickelte sich eine Vorliebe für ein einheitliches Erscheinungsbild der Organisation, die in späteren Jahrhunderten ihre Wirkung auf sehr unterschiedliche Gruppen innerhalb der Kirche ausüben sollte. Ganze Gruppen von Offiziellen, zusammen mit paradierenden Bruderschaften stellten sich als augenfällige Akteure der immer ausgeklügelteren und feierlicheren *autos de fe* dar, über die zunehmend auch in Abbildungen und in Druckwerken berichtet wurde. Darstellungen der frühen *autos* in bildlicher und schriftlicher Form sind selten und wurden von der Monarchie auch meist vermieden, die späteren Zeremonien, öffentliche Spektakel, jedoch präsentierten sich auf andere Weise.

Helfer und Handlanger

Ein Grund für die wachsende öffentliche Wahrnehmung der Inquisition lag darin, dass die Rolle der *familiares* (»Vertraute«) für die Arbeit der Inquisition im Laufe des 16. Jahrhunderts an Bedeutung zunahm. Familiares waren Laien unterschiedlichen

Siegel der Inquisition mit dem Emblem der Institution, dem »grünen« Kreuz, umgeben von Richtschwert und Ölzweig.

sozialen Ranges, von Adligen bis zu Handwerkern, deren gemeinsame offizielle Aufgabe es war, als Augen und Ohren der Inquisition zu fungieren, und zwar zu Zeiten und an Orten, wo gerade keine offiziellen Visitationen stattfanden. Die Vertrauten hatten somit die Aufgabe, die örtlichen Priester zu unterstützen sowie diejenigen, die ihre eigenen Sünden und die Sünden anderer nach Kenntnisnahme des Glaubensediktes angaben. Auch sollte der Bevölkerung demonstriert werden, dass der Herr, wie der Psalmist erflehte, seine Sache in Spanien in die Hand nahm. In der Praxis galt für viele Spanier der Rang eines Vertrauten als Prüfstein ihrer eigenen gesellschaftliche Akzeptanz und der ihrer Familien, denn sie genossen steuerliche und andere Privilegien, die an das Amt geknüpft waren. Bei allen Familiares, die jüdische oder muslimische Vorfahren hatten oder deren Familie auf dem einen oder anderen Wege in die Akten der Inquisition geraten war, galt ihr Amt aber als Zeichen für die Integration in die christliche Gesellschaft. Eine Mischung aus

Popularität und Angst platzierte somit die Tribunale ins Herz der etablierten spanischen Gesellschaft und machte aus dem Emblem aus Kreuz, Olive und Schwert ein Markenzeichen patriotischer Gesinnung.

Dieses Phänomen erschien nach den religiösen Wirren um die Mitte des 16. Jahrhunderts in hellerem Licht, als die Trennung zwischen Katholiken und Protestanten in Westeuropa einen dauerhaften Charakter annahm. Die Prozesse von 1558 und 1559, darunter diejenigen gegen die Valladolid- und Sevilla-Gruppen sowie gegen Erzbischof Carranza, hatten einheimische Reformbewegungen in Spanien effektiv eliminiert. Philipp II., ein begeisterter Anhänger der Inquisition, zeigte sich desillusioniert angesichts der Opposition, auf die er in England und in den Niederlanden zwischen 1554 und 1558 gestoßen war, und unterstützte deshalb die Anstrengungen der Inquisition, eine protestantische »Kontaminierung« des spanischen Territoriums zu verhindern, mit allen Kräften.

Die Verfolgung der Lutheraner

In den frühen 1560er Jahren verbreiteten sich am Hofe zu Madrid Gerüchte, deutsche Lutheraner drohten, den Katholizismus im Lande zu unterminieren, und das gerade zu jener Zeit, als die Schlusssitzung des Konzils von Trient (1562–1563) die Richtlinien für die so genannte Gegenreformation aufstellte. In den verbleibenden Jahrzehnten des 16. Jahrhunderts und auch noch im darauffolgenden Jahrhundert blieb die Inquisition dabei, ausländische Lutheraner und ihre einheimischen Anhänger gefangen zu setzen, zu verhören und zu bestrafen. Insbesondere nach wachsenden Spannungen mit England in den 1580er Jahren ging man auf den Kanarischen Inseln gegen die Anhänger der »neuen Religion« vor. Die Prozesse gegen *lu-*

teranos in Spanien weisen aber nicht auf irgendeinen systematischen Versuch hin, die Ideen Luthers im Lande zu verbreiten. Die den Lutheranern im Verlauf von Inquisitionsverfahren zugeschriebenen Vorstellungen haben eine große Bandbreite und reichen vom Vegetarismus bis zur Freien Liebe. Solche Prozesse konzentrierten sich kaum auf theologische Fragen wie in den Verfahren gegen die Valladolid- und Sevilla-Gruppen und gegen Erzbischof Carranza. Der Schluss liegt nahe, dass die Inquisition am Ende des 16. Jahrhunderts und am Anfang des 17. Jahrhunderts nicht nur als Instrument zur Kontrolle religiöser Abweichung, sondern auch zur Kontrolle von Immigranten genutzt wurde. Das traf insbesondere für die Zeit zu, als sich die calvinistische Version des reformierten Christentums in den 1560er Jahren überall im Westen und im Süden Frankreichs verbreitete. Auf der Ebene globaler Strategie ging es der Politik des Hauses Habsburg stets darum, Frankreich zu kontrollieren und wenn möglich einzukreisen. Den Konflikt in Frankreich zwischen Katholiken und Protestanten betrachtete man als politische und religiöse Bedrohung der spanisch-katholischen Einheit. Die Geographie machte Navarra und Katalonien in den Augen der weltlichen und geistlichen Obrigkeit zu den am meisten gefährdeten Regionen, und so wurde in den letzten Jahrzehnten des 16. Jahrhunderts dort zahlreichen französischen Protestanten der Prozess gemacht, während die Tribunale in Aragón und Kastilien hierbei Hilfestellung leisteten. In Katalonien waren Verfolgungen einheimischer Protestanten in dieser Zeit unbekannt, im frühen 17. Jahrhundert aber wurde eine neue Converso-Gruppe in dieser Region – Konvertiten vom Protestantismus zum Katholizismus – zum Ziel der Inquisition. Für viele Jahrzehnte gehörte die Verfolgung von Franzosen im Allgemeinen und von Hugenotten (französischen Protestanten) im Besonderen zum öffentlichen Leben Spaniens.

Die Vertreibung der Morisken
Neben seiner Fixierung auf Frankreich und die Franzosen war Philipp II. von Spanien in ganz Europa bekannt als Führer des christlichen Widerstands gegen die Ausweitung des türkischen Einflusses zu Wasser und zu Lande. Es bestand die oft geäußerte Befürchtung, der muslimische Feind im Ausland könne sich mit den Morisken (Moriscos), den getauften Mauren im Inneren Spaniens, verbünden und damit nicht nur Spanien untergraben, sondern auch das Christentum selbst. Zur Zeit des spanischen Sieges über die türkische Flotte bei Lepanto im Jahre 1571 verzeichneten die Morisken im Königreich Valencia und in geringerem Ausmaß in Aragón, Navarra und Kastilien einen beträchtlichen Zuwachs und erweckten damit Ängste in der christlichen Mehrheit. Nach herrschender Ansicht galten die Morisken, trotz der Taufe, weiterhin als in der Wolle gefärbte Muslime. In dieser Phase hatte die Inquisition freie Hand, diese spezielle Gruppe zu verfolgen, auch wenn sie sich dabei nicht immer im Einklang mit den weltlichen Autoritäten befand. Während also die weltliche Macht die wenig zahlreichen und im Binnenland lebenden Morisken von Kastilien, Navarra und Aragón als weniger gefährlich einstufte als die wesentlich größere moriskische Küstenbevölkerung von Granada und Valencia, gingen die Inquisitoren mit besonderer Strenge gegen die kleinen muslimischen Gemeinden im Hinterland vor. In den Jahren um 1600 wurden die Aktivitäten der Inquisition von der politischen und religiösen Debatte über die angebliche Bedrohung durch die in Spanien lebenden Moriskengruppen bestimmt, ein Thema, das in der Kirche und Öffentlichkeit Spaniens stark diskutiert wurde und z. B. in Cervantes' »Don Quijote« sein Echo fand.

Wegen der Türkengefahr im Mittelmeer erschien es vielen Spaniern als selbstverständlich, dass die Morisken, die im ka-

Hexenverbrennung in einer deutschen Stadt, 1555. Zeitgenössischer Holzschnitt.

tholischen Spanien an ihrer religiösen und ethnischen Identität trotz äußerlicher Assimilierung festhielten, ausgewiesen werden müssten. Die Vertreibung der Morisken hatte man dem königlichen Rat bereits 1582 vorgeschlagen. Am 4. April 1609, unter der Regierung Philipps III., wurde ein solches Edikt in der Tat verkündet, und die Inquisition verlor eine wichtige Zielgruppe. Über 30000 Menschen wurden aus dem Lande getrieben, und diese Vertreibung nahm Formen an, die man im ausgehenden 20. Jahrhundert »ethnische Säuberung« nennt. Weil sich aber die unglücklichen Morisken zu jeder Zeit als zurückhaltende und kooperative Mitglieder der Gesellschaft erwiesen hatten und viele von ihnen offenkundig treue Christen waren, akzeptierte die Bevölkerung meist nicht die offizielle Propaganda gegen sie, und viele bedauerten ihre Vertreibung. Die beiden ersten Jahrzehnte des 17. Jahrhunderts erwiesen sich nun in Spanien als Zeit der Krise und des Zweifels an Kirche und Staat.

Eine uniforme katholische Gesellschaft
Da die judaisierenden Conversos, die Morisken und Protestanten keinen Einfluss mehr auf die spanische Gesellschaft ausüben konnten, verfestigten sich Monarchie und Inquisition als Zwillingssäulen einer uniformen katholisch-christlichen Gesellschaft, in der das massive Evangelisierungsprogramm des Konzils von Trient aktiv in die Tat umgesetzt werden sollte. Das Selbstbild religiöser und weltlicher europäischer Führer in der Periode der Reformation und Gegenreformation wurde gerade von späteren Historikern, die selbst keine Affinität zum christlichen Glauben zeigen, allzu getreulich übernommen und als gegeben hingestellt. Diese Autoren tendieren dazu, die Ansicht damaliger katholischer und protestantischer Reformer zu teilen, dass ein Gutteil der Bevölkerung jener Epoche bestenfalls als halb-christlich angesehen werden kann – insbesondere die Landbevölkerung, aber auch die wegen ökonomischer und sozialer Krisen des 17. Jahrhunderts in die Städte strömenden Massen. Die Begriffe der Debatte – »christlich«, »katholisch«, »protestantisch« und »abergläubisch« – werden dabei kaum hinterfragt oder gar neu definiert, sodass die Definitionen und Kategorien der Inquisitoren meist unbesehen übernommen werden. Für die spanischen Tribunale unter den Habsburgern und den Bourbonen war die Welt – wie in den Tagen des heiligen Dominikus und Papst Gregors IX. – ein Ort der Sündhaftigkeit, wo die Gläubigen, d.h. nur die im Schoß der Katholischen Kirche versammelten Christen, beständig den Angriffen teuflischer Widersacher von innen und außen ausgesetzt waren. Zu dieser Zeit stand die spanische Krone nicht nur auf dem Schlachtfeld gegen protestantische Christen und Muslime, sondern es ging ihr auch darum – wie vielen anderen Regierungen frühneuzeitlicher Staaten – die Gedanken und die Handlungen ihrer Bevölkerung zu kontrollieren und der staatlichen Polizei-

gewalt zu unterwerfen. Bei diesem Vorhaben kooperierte die Inquisition bereitwillig und verfolgte nicht nur religiöse Abweichler, sondern auch alle, denen moralische Vergehen vorgeworfen wurden, so etwa Homosexualität (›Sodomie‹ im Sprachgebrauch der Inquisitoren), Geschlechtsverkehr mit Tieren (*bestialitas*, ›Bestialität‹) und Bigamie. Für Juristen gehörten diese Vergehen zur Kategorie der »gemischten Jurisdiktion«, denn sie konnten vor kirchlichen oder auch weltlichen Gerichten verhandelt werden. Bei der Verfolgung solcher moralischer Vergehen gerieten auch die ›Roma‹ oder Zigeuner ins Visier der Inquisitoren. Diese von den Spaniern meist »Ägypter« genannte Gruppe scheint im frühen 15. Jahrhundert nach Spanien eingewandert zu sein. Während der Wirren des muslimischen Alpujarra-Aufstandes 1499 versuchten Ferdinand und Isabella alle Roma zu vertreiben, die keinem Herren unterstanden oder kein festes Arbeitsverhältnis vorzuweisen hatten, doch das Volk der Sinti und Roma hat bis heute überlebt. Nachdem die Inquisition in der zweiten Hälfte des 16. Jahrhunderts zu einer Gerichtsinstanz für Ideen und Moral geworden war, wurden Zigeuner anderen unpopulären Fremden, z. B. Franzosen, als Ziel für Angriffe und Anklagen an die Seite gestellt.

Hexen und Zauberer
Besonders verblüffend ist die Haltung der Inquisition gegenüber dem beunruhigenden Problem der Zauberei, Magie und Hexerei. Es wird oft gesagt, die spanische Inquisition habe sich von allen weltlichen und geistlichen Gerichten oder Tribunalen unterschieden, weil sie sich nicht am frühneuzeitlichen »Hexenwahn« beteiligt habe; im Zuge dieser Verfolgungswelle starben Tausende von Menschen – wohl überwiegend Frauen – durch Verbrennen oder Ertränken, weil sie angeblich ihren

Mitmenschen böse Kräfte an den Hals gehext hätten. Zu Beginn des 17. Jahrhunderts trug ein Inquisitor des Tribunals in Logroño, Alonso Salazar y Frías, in der Tat dazu bei, dass in den baskischen Ländern die Hexenverbrennungen eingestellt wurden; auch erreichte er, dass seitdem dort niemals mehr Hexen von der Inquisition verbrannt wurden. Doch musste er sich gegen seine Inquisitionskollegen in Logroño wegen dieser Angelegenheit zur Wehr setzen. Jedenfalls war er nicht der einzige, der den gelehrten Hexentheorien, wie sie spätestens seit dem »Hexenhammer« (Straßburg 1487) im Schwange waren, skeptisch gegenüberstand. In der Anfangszeit der Tribunale Ferdinands und Isabellas zeigen Quellenzeugnisse aus Soria und Burgo de Osma, dass einige Leute andere der Zauberei (*hechicería*) bezichtigten. Die Beschuldigten waren stets Frauen, denen man vorwarf, sie hätten Liebesmagie angewendet, um untreue Männer wieder zu ihren Frauen zurückzuholen. Solche Fälle waren indessen selten, und es hat nicht den Anschein, als ob die Inquisitoren ein besonderes Interesse daran gehabt hätten. Dieses Beispiel dürfte bezeichnend dafür sein, wie sich die Inquisition dem Thema der magischen und teuflischen Besessenheit näherte, das so viele akademische Theoretiker und Gesetzgeber im frühneuzeitlichen Europa beunruhigte. Alle, die Gott schmähten und sich der Kirche gegenüber unbotmäßig zeigten, mussten bis zum Ende der Inquisition Anfang des 19. Jahrhunderts mit einer strengen Behandlung rechnen. Heiler, die sich der Volksmedizin bedienten – in aller Regel Frauen – trafen stärker auf den Widerstand der männlichen, professionellen Mediziner als auf den der Inquisition. Von weitaus größerem Interesse für das Heilige Offizium und die königliche Regierung war die sephardische Diaspora, die sich nach der Vertreibung der spanischen und portugiesischen Juden herausgebildet hatte.

Um die »Reinheit des Blutes«
Bei der entschlossenen königlichen Politik gegen die spanischen Juden und angesichts der gewaltsamen Durchsetzung der katholischen Orthodoxie, hätte man annehmen können, dass sich das »Problem« fortdauernder jüdischer Glaubenspraktiken unter den spanischen Conversos innerhalb einer oder zweier Generationen erledigt hätte. Dass dies nicht der Fall war, kann Ereignissen innerhalb und außerhalb des Landes zugeschrieben werden. Die Befreiung bestimmter Conversos von inquisitorischer Verfolgung durch den Verkauf von Dokumenten seitens der Krone belegt bereits die Sorge, dass Spanien mit der Vertreibung seiner christlichen Juden Verluste erleiden könnte. Es ist nicht einmal nötig, von einer spezifisch jüdischen Religion auszugehen, um die andauernden Verfolgungen und Bestrafungen von Judaisierenden im Spanien der frühen Neuzeit zu verstehen: es können dabei durchaus externe Einflüsse im Spiel sein. Nach 1492 war es den spanischen Juden auf bemerkenswerte Weise gelungen, die Sprache und Kultur ihres Herkunftslandes in ihren neuen Niederlassungen in Italien, Griechenland und im östlichen Mittelmeerraum zu verankern. Deshalb bezeichnete man die westeuropäischen Juden und Krypto-Juden in den jeweiligen christlichen Quellen des 16. Jahrhunderts als »Portugiesen«, die Juden selbst nannten sich »die Nation«. Der Grund für diese Verknüpfung mit Portugal – und nicht mit Spanien – sowie für die allgemeine Verwirrung unter der nichtjüdischen Bevölkerung der westeuropäischen Länder in Bezug auf die religiöse Identität der Konvertiten, liegt in den Umständen der Zwangstaufe, der sich die portugiesischen Juden im Jahre 1497 hatten unterziehen müssen. Um 1600 hatte die »Nation« ein Netzwerk etabliert, das sich in Europa von Sevilla und Lissabon im Süden bis zu den unabhängigen niederländischen Provinzen und dem Ostseegebiet im Norden erstreckte.

El Greco, Bildnis des Kardinal-Inquisitors Don Fernando Niño de Guevara, um 1600.

Die spanischen und portugiesischen Conversos, die bisweilen als katholische Christen auf der Iberischen Halbinsel lebten oder offen als Juden in Amsterdam und in geringerem Ausmaß in Venedig, nutzten auch die weltweiten kolonialen Verbindungen ihrer Heimatländer auf dem amerikanischen Kontinent, in Afrika, Indien und im Pazifikraum.

Zu Beginn des 17. Jahrhunderts und insbesondere nachdem Don Gaspar de Guzmán, Graf von Olivares, im Jahre 1622 oberster Minister (*valido*) Philipps III. geworden war, wurden die frühere Behandlung der spanischen Juden sowie die Angelegenheiten Portugals – jetzt Teil einer vereinigten spanischen

Monarchie – zu einer akuten politischen und intellektuellen Frage. Zumindest seit der späteren Regierungszeit Ferdinands und Isabellas war es unter den leitenden Beamten der königlichen Verwaltung üblich, für ihre Herrschaft Denkschriften über Regierungsangelegenheiten zu verfassen. In den frühen Jahren des 17. Jahrhunderts beschäftigte man sich mit zwei Hauptproblemen: mit dem immer offenkundigeren Niedergang der wirtschaftlichen und militärischen Stärke Spaniens und mit den Statuten über die »Reinheit des Blutes« (*limpieza de sangre*), die Personen jüdischer oder muslimischer Herkunft oder Nachkommen von Leuten, die von der Inquisition als Häretiker angeklagt worden waren, betrafen. Zahlreiche weltliche und geistliche Autoren boten den Mächtigen in ihren Abhandlungen zwei Hauptargumente an: So meinten sie zum einen, Spaniens Niedergang (hier unter Einschluss Portugals) im Verhältnis zu den aufstrebenden Ländern Frankreich, Holland und England hinge zu einem bedeutenden Teil mit dem Landesverweis der fähigen und fleißigen jüdischen Landsleute zusammen. Als zweites Argument führten sie an, die Bestimmungen über die »Reinheit des Blutes« hätten zahlreiche loyale Untertanen vom Staatsdienst ausgeschlossen. Gegen Ende des 16. Jahrhunderts war diese Gruppe in vielen wichtigen Institutionen der spanischen und portugiesischen Gesellschaft vertreten, auch in den geistlichen Ritterorden, wie etwa in den drei großen spanischen Orden, von Santiago, Calatrava und Alcántara, sowie in den anderen Mönchsorden, den Kathedralkapiteln, den Universitätskollegien, den Gilden und Bruderschaften. Olivares, der von der Notwendigkeit einer Modernisierung Spaniens überzeugt war, versuchte zwischen 1623 und 1641 die *limpieza*-Statuten abzuschwächen oder sogar gänzlich abzuschaffen, jedoch mit geringem Erfolg. In gewisser Weise lief der Eifer des Olivares ins Leere, denn es hatte schon immer ernsthafte Zweifel an der *limpieza*-Forderung gegeben, was sich auch in der Praxis bei der Besetzung von Ämtern niederschlug. Es kam bereits zu Kontroversen, als man 1466 Conversos vom Altardienst in einer Privatkapelle der Kathedrale (und früheren Moschee) von Córdoba auf Betreiben des Präcantors Fernán Ruiz de Aguayo ausschloss. Wie auch bei neuzeitlichen Versuchen, Personen aus rassistischen Gründen von einzelnen Berufen auszuschließen, wie etwa im Falle der nationalsozialistischen Nürnberger Gesetze von 1935, zeigte sich in Spanien, dass eine strenge Auslegung der Restriktionen praktisch alle Kandidaten von öffentlichen und sonstigen Ämtern ausschließen konnte. Widerstand gegen die Reinheitsstatuten kam daher von geistlichen Orden und Kathedralkapiteln ebenso wie von der Inquisition selbst, und das aus gänzlich gerechtfertigten und logischen Gründen. Wenn es das Ziel der christlichen Kirche war, die gesamte Welt der Herrschaft Christi zu unterstellen, dann war es nicht angemessen, davon Personen wegen ihrer rassischen oder religiösen Herkunft auszunehmen.

Von Anfang an waren sich die Befürworter der neuen spanischen Inquisition darüber im Klaren, dass die Konvertiten allein auf ihre Rechtgläubigkeit hin geprüft werden sollten und nicht auf ihr vorheriges jüdisches Leben oder gar auf ihre jüdischen Vorfahren. Dennoch musste Olivares zu Beginn des 17. Jahrhunderts einem Gefühl und einem Vorurteil entgegentreten, das bereits im 15. Jahrhundert von dem Franziskaner Alonso de Espina (nicht dem späteren Inquisitor von Barcelona, siehe Kapitel 3), einem der bösartigsten Gegner der Häretiker im Allgemeinen und der Juden im Besonderen, zum Ausdruck gebracht worden war: das Judentum, aber auch der Islam und christliche Häresien seien auf biologischem Wege vermittelt und würden die ernsthaften Bemühungen einer Person um den wahren christlichen Glauben und die Orthodoxie von vornherein verhindern. Die Einwanderung von portugiesischen Conversos nach Spanien nach der Annexion des Nachbarreiches durch Philipp II. im Jahre 1580 verstärkte noch diese alten und schmerzlichen Vorurteile. Die Hoffnungen der portugiesischen Immigranten, die spanischen Inquisitoren würden sich weniger eifrig in ihrer Unterdrückung zeigen als ihre frisch in den Inquisitionsdienst übernommenen portugiesischen Kollegen, erwiesen sich in den meisten Fällen als bar jeder Grundlage. Vielmehr dienten die portugiesischen Einwanderer dazu, der inquisitorischen Verfolgung von Judaisierenden neues Leben einzuhauchen – nicht zuletzt wegen der als bedrohlich empfundenen internationalen Aktivitäten der jüdisch-konvertitischen »Nation«. Selbst später, in dem angeblich so skeptischen 18. Jahrhundert, stellten Anklagen wegen jüdischen Glaubens und jüdischer Praktiken die Mehrheit der vor den Inquisitionstribunalen verhandelten Fälle dar.

Erst nachdem die Bourbonen den spanischen Thron bestiegen hatten, begannen die Zweifel und Fragen, wie sie schon Graf Olivares geäußert hatte, ihre Wirkung auf die Inquisition zu zeitigen.

NEUNTES KAPITEL
Der Fall der Inquisition

Spanien zwischen Absolutismus und Aufklärung
Im Jahre 1700 lag der kinderlose spanische König, der Habsburger Karl II., im Sterben, und die beiden großen europäischen Kontinentalmächte Frankreich und Österreich (respektive das Heilige Römische Reich) präsentierten jeweils einen Thronkandidaten. Der französische Erbanspruch leitete sich von der Tochter Philipps IV., Maria Teresa, ab, die mit Ludwig XIV. verheiratet war, während sich der österreichische Rechtstitel aus der Ehe ihrer Schwester Margarita Teresa mit Kaiser Leopold ableitete. Europa zerstritt sich rasch über die wichtige Frage der Erbfolge in Spanien und seinen riesigen Überseeländern; Wilhelm III. von England, der auch für Holland sprach, schlug vor, die spanischen Territorien unter den Konkurrenten aufzuteilen. Schließlich gelang es Ludwigs überlegener Stärke, seinen Enkel Philipp auf den ersten Platz der Kandidatenliste zu setzen. Er wurde dann auch von Karl II. selbst zu seinem Erben ernannt und bestieg den spanischen Thron als Philipp V. Der junge König zog an einem regnerischen Tag des Februars 1701 in Madrid ein und vollzog sogleich eine öffentliche Geste, die sich als bedeutsam für die Zukunft der Inquisition erweisen sollte: Er weigerte sich, an einem *auto de fe* teilzunehmen, das die Inquisition als traditionelle Begrüßung eines Herrschers veranstalten wollte. Philipp musste gegen Österreich und seine Verbündeten, darunter England, lange um seinen Thron kämpfen, in einem Krieg, der als Spanischer Erbfolgekrieg bekannt ist und sich von 1702 bis 1713 hinzog. Auch nach dem Vertrag von Utrecht vom

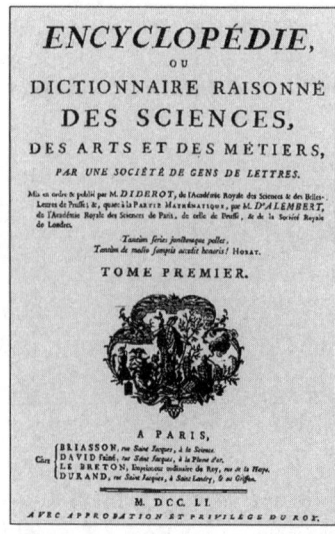 

Zündende Ideen einer neuen Epoche: die Titelseiten der »Encyclopédie« von Diderot und d'Alembert (Paris 1751) und des »Contrat social« von Jean-Jacques Rousseau (Amsterdam 1762).

11. April 1713 (darin wurde dem gerade vereinigten England und Schottland die spanische Stadt Gibraltar zugesprochen) fand der Krieg, der auch ein Bürgerkrieg war, noch kein wirkliches Ende, weil die Katalanen weiterhin den österreichischen Kandidaten für den spanischen Thron, Erzherzog Karl, favorisierten. Dennoch konnte sich Philipp V. behaupten; seine Herrschaft dauerte von 1700 bis 1746.

Trotz seiner Entscheidung, das zu seinen Ehren veranstaltete *auto de fe* zu meiden, erlaubte der erste Bourbonenkönig Spaniens der Inquisition, so exotisch und furchterregend sie seiner franco-spanischen Seele auch vorkommen mochte, im wesentlichen so weiterzuarbeiten wie zuvor. Judaisiererenden, Protestanten, Bigamisten und Gotteslästerern wurden weiterhin in *autos de fe* der Prozess gemacht, ihre Schandhemden, die *sambenitos,* hing man noch immer in ihren Pfarrkirchen auf, und immer noch wurden viele Männer als Rudersklaven auf die Galeeren geschickt – eine oft verhängte Strafe, seitdem man die spanische Flotte im ausgehenden 16. Jahrhundert bis zum Äußersten vergrößert hatte. Dennoch bedeutete die Ankunft der Bourbonen in Spanien eine Bedrohung der Institution. Der von Philipps Großvater Ludwig XIV. entwickelte und perfektionierte Absolutismus duldete, wenn immer es möglich war, keine äußeren Einmischungen in die Angelegenheiten der Reichsregierung. Philipp und sein Nachfolger Karl III. setzten sich zum Ziel, eine vollkommene Kontrolle über die spanische Kirche unter Einschluss der Inquisition zu erreichen. Sie scheinen nicht die Abschaffung der Suprema geplant zu haben, sie wollten sie aber zu einem Instrument der königlichen Regierung umformen. Das war im Grunde gar nicht so weit von den urspünglichen Intentionen Ferdinands und Isabellas entfernt, im 18. Jahrhundert aber erschien den Inquisitoren und ihren Befürwortern die bourbonische Politik als Bedrohung des katholischen Glaubens selbst.

Eine mächtige intellektuelle und politische Bewegung gegen die Macht der römisch-katholischen Kirche war zudem in Frankreich entstanden: die Aufklärung. In den frühen Regierungsjahren Karls III., in den 1750er Jahren, begannen aufklärerische Ideen auch in Spanien einzudringen und erreichten eine exklusive Schar von Gelehrten, die sie bereitwillig aufnahmen. Und obwohl die Inquisition im Jahre 1759 Diderots und d'Alemberts *Encyclopédie* verbot, hatte die Maßnahme nicht mehr Erfolg, als andere Versuche in früheren Jahrhunderten, ausländische Bücher zu verbannen. Trotz aller Anstrengungen der Inquisition gelangten auch Montesquieus Ideen über die persönliche Freiheit, über religiöse Toleranz und konstitutionelle Monarchie nach Spanien, obwohl Voltaire und Rousseau südlich der Pyrenäen nicht jenes hohe Maß an Interesse und Begeisterung fanden wie in anderen Teilen Europas. Die Reformer in der Umgebung Karls III. sahen mit Zufriedenheit, dass sich die Kirche als Stütze sozialer Ordnung und Loyalität gegenüber der Krone bewährte, aber sie betrachteten die Inquisition als Bastion unzeitgemäßer Reaktion. Sie galt als zu unabhängig, zu willfährig gegenüber Rom und zu freundlich gegenüber dem jetzt verhassten (und seit 1773 offiziell aufgelösten) Jesuitenorden. Seit dem Ende der 1760er Jahre hatte der kastilische Staatsrat seine Herrschaft über die Suprema und ihre Helfershelfer wieder hergestellt. Die 1768 und 1770 erlassenen königlichen Dekrete regelten die Buchzensur der Inquisition und zwangen ihre Vertreter, sich auf Angelegenheiten des Glaubens, der Moral, der Häresie und der Apostasie zu beschränken. Das waren nicht unbedingt neue Forderungen, denn spanische Herrscher hatten schon immer einen mächtigen Einfluss auf die Tribunale des Heiligen Offiziums ausgeübt. Jedoch hatten diese Bemühungen Karls und seiner Minister in verschiedener Hinsicht nur einen begrenzten Erfolg. Auf oberster politischer Ebene war die Inquisition des ausgehenden 18. Jahrhunderts immer noch in der Lage, auch hochgestellten Persönlichkeiten gefährlich zu werden, wie etwa dem als Agrarreformer hoch angesehenen Grafen von Campomanes. Weniger mächtige Leute wie der königliche Vogt von Sevilla, Pablo de Olavides, wurden von der Inquisition aus ihrem Amt gejagt. Olavides verschwand für zwei Jahre, von 1776 bis 1778, im Gefängnis und wurde dann als Büßer auf einem *auto de fe* vorgeführt – es fand, wie damals üblich geworden, innerhalb eines Hauses statt, in diesem Fall vor einem geladenen Publikum: Adligen, Offizieren und Klerikern. Ein Zeichen kommender Dinge war die Flucht von Olavides – eher eines gemäßigten Katholiken als eines Ketzers – nach Frankreich, von wo aus seine Verfolger und Richter bald die Vergeltung ereilen sollte. Noch 1792 benutzte ein anderer Regierungsbeamter, der Graf von Floridablanca, die Inquisition im Namen der Krone bei seinem vergeblichen Versuch, einige radikale und revolutionäre französische Bücher zu zensieren oder ganz zu verbieten. Der archaische Traditionalismus der Inquisition konnte also immer noch nützlich sein, solange sie sich den Wünschen der Krone unterordnete. Die Handlungen der lokalen Inquisitoren beleuchten diesen Umstand.

Geschwächte Inquisition?

Der Druck, dem die Inquisition unter Philipp V. und Karl III. ausgesetzt war, hat verständlicherweise die meisten Historiker zu der Ansicht gebracht, die Institution sei in dieser Periode im Niedergang begriffen gewesen. In mancher Hinsicht trifft das auch zu. In Toledo beispielsweise verhandelte das örtliche Tribunal Ende des 18. Jahrhunderts lediglich drei oder vier Fälle im Jahr, gegenüber zweihundert um die Mitte des 16. Jahrhunderts. Von den 4000 an die Suprema verwiesenen Fälle befassten sich nur zehn Prozent mit den Kernbereichen der Inquisition, der Judaisierung und dem Protestantismus. Offenkundig beschäftigten sich die Tribunale hauptsächlich mit den eher weltlichen Fragen der Moral, der Sexualität und der Magie. »Nur« vier Mal, in den Jahren 1714, 1725, 1763 und 1781 kam es nach *autos de fe* zu Verbrennungen auf dem Scheiterhaufen. Das Todesurteil von 1781, das letzte dieser Art in Spanien, betraf eine Seherin (*ilusa*) namens María de los Dolores López, die behauptet hatte, in direktem Kontakt mit der Jungfrau Maria zu stehen und ihr dabei geholfen zu haben, Millionen von Seelen aus dem Fegfeuer zu befreien. Mit solchen Dingen haben die Inquisitoren in den 1480er Jahren kaum ihre Zeit zugebracht.

Francisco Goya, Ein Verurteilter muss beim Auto de fe seine Urteilsverkündung anhören.

Die Tribunale scheinen bis zum Ende des Jahrhunderts aktiv gewesen zu sein, wie etwa in Valladolid in Altkastilien. Hier jedenfalls wurde eine beachtliche Anzahl von Judaisierenden und Protestanten angeklagt, des weiteren Priester, die das Beichtgeheimnis gebrochen hatten, Bigamisten, Gotteslästerer, Magier und in geringerer Zahl Mitglieder der *alumbrado*-Bewegung des 16. Jahrhunderts sowie Anhänger des Mystikers Miguel de Molinos im 17. Jahrhundert. Entgegen der allgemeinen Ansicht, die Inquisition habe sich im 18. Jahrhundert liberaler oder weniger streng gegeben, wird deutlich, dass die Folter vom Tribunal in Valladolid exzessiv eingesetzt wurde und dass sich die Inquisitoren in den 1770er Jahren immer noch Sorgen machten, sie könnten die Glaubensedikte nicht häufig genug veröffentlichen. Judaisierende, viele von ihnen aus Portugal, galten immer noch als der Hauptfeind. In Valencia waren die Inquisitoren die einzigen Amtsträger, die treu zu den Bourbonen hielten, als die Verbündeten der Österreicher die Stadt während des Erbfolgekrieges (1705–1707) besetzt hielten. Dieses Tribunal stärkte während des Jahrhunderts seine wirtschaftliche Grundlage, weil die Bevölkerung des Königreichs kräftig zugenommen hatte und wegen der Erweiterung des landwirtschaftlich nutzbaren Areals sich folglich auch die Einkünfte der Grundherren erhöhten. Gleichwohl bekamen auch die Inquisitoren von Valencia zu spüren, dass die Bourbonen entschlossen waren, die Inquisition dem Willen der Krone zu unterwerfen. Im Jahre 1790 beispielsweise intervenierte die Regierung im Falle des Mercedariers Fray Agustín de Cabades, dem man zu Recht Übergriffe auf weibliche Beichtkinder vorwarf sowie Täuschung der Inquisition. Seine Anklage wurde auf Grund der Intervention aus Madrid niedergeschlagen. Vermochte doch die Suprema die Arbeit ihrer nachgeordneten Stellen nicht mehr wirksam zu verteidigen. Das war keineswegs der einzige Fall, bei dem die Inquisitoren gezwungen waren, eine Untersuchung einzustellen, die sie in früheren Jahrhunderten zu Ende geführt hätten.

Revolutionskriege und Okkupation

Der Sturm auf die Bastille am 14. Juli 1789 sollte für immer die Rolle der Inquisition in der spanischen Gesellschaft verändern. Als 1793 der Krieg zwischen Spanien und der neuen französischen Republik ausbrach, verschickten die Behörden von Valencia Mobilisierungsbescheide an die »Vertrauten« (*familiares*) der Tribunale und beendeten so eines der letzten Privilegien der Inquisition, die ihre weltlichen Helfer bis dahin vom Militärdienst freihalten konnte. Bis zu dieser Zeit waren sogar die »Aufgeklärten« der Stadt, die man auch »Liberale« nannte, durchaus willens, der Inquisition zu dienen. Der Beginn der Französischen Revolution jedoch polarisierte die spanische Gesellschaft in einer ganz neuen, aggressiveren Weise. Für König Karl IV. ging es um die Rettung seines Throns und des Lebens seines Cousins Ludwig XVI. Da sich Letzteres nicht realisieren ließ, erschien der Krieg als einziger Ausweg. Die Kämpfe dauerten an, bis die Franzosen in Spanien einmarschierten und die Monarchie im Jahre 1808 stürzten. Um die Kriegskosten zu decken, griff die Regierung zu bestimmten Finanzierungsmaßnahmen, darunter zur Veräußerung des Liegenschaftsbesitzes öffentlicher Körperschaften, wozu auch die Inquisition gehörte. Am 27. Februar 1799 erging der königliche Befehl zur Versteigerung des Grundbesitzes der lokalen Tribunale, und dieser Befehl wurde auch von der Suprema im folgenden Monat in die Tat umgesetzt. Der Verlust dieses mühsam angehäuften Vermögens beendete die fiskalische Unabhängigkeit der Inquisition und ebnete den Weg zu ihrer Abschaffung, die dann auch nicht mehr lange auf sich warten ließ. Im August 1805 wurden auf königlichen Befehl von der Suprema Inventarverzeichnisse über die beweglichen Güter der Tribunale eingefordert, und eine Reihe wertvoller Gemälde fanden ihren Weg in die Sammlung des königlichen Günstlings Manuel Godoy. Nachdem der mächtigste Mann Spaniens im Jahre 1808 in Ungnade gefallen war, gab man auf Anweisung des neuen Königs, Ferdinand VII., die in Frage stehenden Stücke nicht mehr ihren ursprünglichen Eigentümern zurück, sondern verkaufte sie in einer öffentlichen Versteigerung. Ferdinand war nach dem Thronverzicht seines Vaters am 19. März 1808 an die Macht gekommen. Karl protestierte nachträglich, weil er seinen Thron nur unter Zwang übergeben habe. Er und sein Sohn wurden zu einem Treffen mit Napoleon einbestellt. Aus spanischer Sicht war dieses Treffen weniger erfolgreich als das Zusammentreffen zwischen General Franco und Adolf Hitler in Hendaye am 23. Oktober 1940. Karl und sein Sohn wurden zur Abdankung und zur Übertragung der spanischen Krone an Napoleon gezwungen. Am 2. Mai 1808, dem berühmten, von Goya ins Bild gesetzten blutigen »dos de mayo«, stand die Bevölkerung von Madrid gegen die französischen Besatzungstruppen des Marschalls Murat auf. Kurz darauf rief Napoleon seinen Bruder Joseph aus Neapel herbei und setzte ihn auf den spanischen Thron. Jenseits der Grenze in Bayonne trat eine Versammlung pro-französischer Spanier (*afrancescados*) zusammen und bestätigte Joseph als König, die Mehrheit der Bevölkerung leistete jedoch Widerstand. Damit begann der lange blutige, zerstörerische Konflikt, den die Engländer den Halbinselkrieg (*Peninsular War*), die Spanier aber den Unabhängigkeitskrieg (*Guerra de la Independencia*) nannten, in dessen Verlauf die Franzosen aus Spanien vertrieben wurden; der Welt bescherte er das Konzept des Guerillakrieges (»kleiner Krieg« im Spanischen).

Anfangs scheint die Suprema meist mit dem von Frankreich gestützten Regime zusammengearbeitet zu haben. Nachdem der Madrider Aufstand blutig niedergeschlagen worden war, wurden lokale Inquisitionstribunale wegen ihrer Unterstützung des unabhängigen spanischen Widerstands gerügt und angewiesen, ihre Mitglieder und Familiares zur Aufrechterhaltung der öffentlichen Ruhe und Ordnung und für die allgemeine Akzeptanz der Herrschaft König Josephs einzusetzen. In dieser Phase gab es noch keinerlei Hinweise darauf, dass die Inquisition abgeschafft werden sollte. Im Einklang mit der Rückkehr des napoleonischen Frankreich zur Religion, nach den atheistischen und religionsfeindlichen Exzessen der Revolutionszeit, erklärte der Rat der Inquisition vielmehr, der Katholizismus solle die einzige Religion in Spanien und den Kolonien bleiben. Offenkundig waren die Inquisitoren in den verschiedenen Regionen immer noch von patriotischen Gefühlen beeinflusst. So gab beispielsweise das Tribunal von Llerena in der Estremadura am 26. August 1808 eine Erklärung ab, in der die Suprema wegen ihrer profranzösischen Haltung verurteilt wurde.

Todeskampf einer Wespe

Zu dieser Zeit indessen griffen die französischen Behörden immer häufiger in die Aktivitäten der Inquisition ein, insbesondere in Madrid. Am 28. September verkündete die Suprema, sie habe jetzt aus Protest die Seiten gewechselt und drängte alle Provinztribunale, die Junta General, den Zentralrat des spanischen Widerstands gegen die Franzosen, zu unterstützen. In Valencia etwa befolgten die Inquisitoren eine über die Suprema vermittelte Anweisung der Junta, die Aktivitäten der Freimaurer zu unterbinden und die entsprechenden Schriften zu beschlagnahmen. Solche Handlungen erhöhten nur noch die

Drei Männer unter Sambenitos. Kupferstich des 18. Jahrhunderts (nach Limborch), Ausdruck des Abscheus, den das aufgeklärte Europa vor der spanischen Inquisition empfand.

Spannungen zwischen dem Heiligen Offizium und den französischen Behörden. Schließlich begab sich Napoleon persönlich am 4. Dezember 1808 nach Chamartín nördlich von Madrid und fertigte mehrere Dekrete aus. Eines dieser Dekrete verbot die Inquisition, weil sie eine Gefahr für die zivilen Behörden darstelle. Der moderate, nach anderer Ansicht ketzerische, Generalinquisitor Ramón Josef de Arce y Reynoso dankte ab. Die Junta General favorisierte den Bischof von Orense als seinen Nachfolger, aber der Kriegszustand in Europa verhinderte eine Ratifizierung durch Papst Pius VII. (1800–1823). In einigen Orten indessen war die Arbeit der Inquisition schon vor ihrer Abschaffung durch das französische Marionettenregime zum Erliegen gekommen.

Córdoba beispielsweise wurde von napoleonischen Truppen am 7. Juni 1808 eingenommen. Die Königsburg, Hauptquartier der Inquisition seit den 1480er Jahren, wurde geplündert, und ein Gutteil des Tribunalarchivs soll im Guadalquivir versunken sein, einiges jedoch wurde gerettet und gelangte in die Bibliothek des Bischofspalastes. Eine systematischere Vernichtung der Inquisitionsakten erfolgte dann zu Beginn des Jahres 1810 durch eine Kommission. Am 11. Mai 1810 meldete man der Zentralregierung die Beendigung der Arbeit. Während der folgenden wechselhaften politischen Verhältnisse in Spanien hing das Schicksal der Inquisition am seidenen Faden, das heißt am Erfolg des spanischen Widerstands gegen die französische Besatzungsmacht. Ende 1810 und Anfang 1811 diskutierte man – den Franzosen zum Trotz – im Regentschaftsrat, der im Namen Ferdinands agierte, über die Wiedereinführung des Heiligen Offiziums. Letztlich aber blieb die Entscheidung den Cortes, dem spanischen Parlament, vorbehalten, die sich außerhalb des französischen Machtbereichs in Cádiz am 24. September 1810 versammelten. Sofort brach über das Thema der Inquisition ein Krieg der Pamphlete aus. Zwischen den »Konservativen«, die die Verteidigung der katholischen Orthodoxie als Teil der Verteidigung der spanischen Identität gegen ausländische Aggression ansahen, und den »Liberalen«, welche die Tribunale als Hindernis für Fortschritt und Freiheit betrachteten. Die Deputierten verwiesen die Angelegenheit an das von ihnen eingerichtete Konstitutionskommittee, und dieses kam zu dem Schluss, die Inquisition sei mit der neuen Verfassung nicht vereinbar.

Am 22. Januar 1812 beschlossen die Cortes mit 90 zu 60 Stimmen, dem Leben der Inquisition ein Ende zu setzen. Freilich ließen sich die Dinge angesichts der chaotischen Zeitverhältnisse nicht so einfach lösen. Trotz aller Bemühungen der in Cádiz versammelten Liberalen und Progressiven verschwand die Inquisition nicht aus dem öffentlichen Leben Spaniens, sondern kehrte einfach zu ihrer mittelalterlichen Form zurück. Am 26. Januar 1813 wurde die entsprechende Passage der »Siete Partidas«, des Gesetzbuches Alfons' X. aus dem 13. Jahrhundert, wieder in Kraft gesetzt, und damit fiele den Bischöfen und ihren Stellvertretern (Vikare) die Rechtsprechung über Häresiedelikte erneut zu. Natürlich bezogen sich diese Vorschriften nur auf solche spanische Territorien, die nicht der französischen Kontrolle unterstanden. So blieb etwa in Valencia, das am 8. Januar von Marschall Suchet eingenommen worden war, die Inquisition weiterhin verboten. In der Zwischenzeit, am 22. Februar 1813, erließen die Cortes von Cádiz ein Edikt, das in allen Pfarrkirchen verlesen werden musste. Es erklärte die Tribunale – wegen der zahlreichen Missbräuche – zum Hindernis für die Reinheit des Katholizismus, und deshalb sei die religiöse Orthodoxie bei den Bischöfen besser aufgehoben. Die überwiegend liberalen Cortes waren in traditionalistischen Kreisen aber bereits äußerst unbeliebt, und als Napoleons Niederlage Ferdinands Rückkehr nach Spanien erlaubte (4. Mai 1814), erklärte er alle Parlamentsakte für null und nichtig und setzte am 21. Juli desselben Jahres die Inquisition wieder in all ihre Funktionen ein. In weiteren Dekreten vom 18. August und 3. September restituierte er den Tribunalen ihren Liegenschaftsbesitz, ihre Renteneinkünfte und kanonikalen Pfründen. Ein neuer Generalinquisitor, Francisco Javier de Meir y Campillo, wurde ernannt, und sogleich machten sich die lokalen Tribunale daran, neue theologische Berater (*calificadores*) und »Vertraute« zu rekrutieren.

Wie eine sterbende Wespe versuchte die restaurierte Inquisition, alle ihre Feinde zu stechen, bevor sie selbst dem Tode erlag. Im Frühjahr 1815 veröffentlichte man in Madrid ein neues Glaubensedikt, bei dem es nicht nur um die alten Feinde Judentum, Islam und Protestantismus ging; man rief auch dazu auf, jeden zu denunzieren, der sich mit der modernen rationa-

Das Denkmal der Cortes von Cádiz, die 1812 die Aufhebung der Inquisition beschlossen.

listischen Philosophie eingelassen hatte. Bald darauf wies man die Beichtväter darauf hin, keinem Bußfertigen die Absolution zu erteilen, der nicht eine schriftliche Erklärung über all seine doktrinären Irrtümer abgegeben hätte. Dennoch, in der turbulenten Restaurationsperiode Ferdinands VII., erreichte die Inquisition zu keiner Zeit mehr ihre alte Stärke. Sie litt ökonomisch unter dem Rückgang der landwirtschaftlichen Produktion in den Jahren 1817 bis 1818 und sah sich starken lokalen Widerständen gegenüber. Anfang 1820 war Ferdinand nach politischem und gesellschaftlichem Druck und wachsenden wirtschaftlichen Schwierigkeiten gezwungen, die Verfassung von 1813 wieder in Kraft zu setzen – und damit wurde die Inquisition ein zweites Mal abgeschafft. Erneut konfiszierte man das Vermögen der Tribunale und versteigerte es auf Befehl der Cortes vom 9. August 1820. Zumindest in Valencia hatten solche Veräußerungen schon vor diesem Datum begonnen. Die liberale Regierung, welche den König zu diesen Maßnahmen genötigt hatte, erwies sich als so inkompetent, dass eine französische »Befreiungsarmee« unter dem Kommando des Herzogs von Angoulême im April 1823 freudig begrüßt wurde – ganz im Gegensatz zur Armee Napoleons. Ferdinand hob sofort alle seine Regierungsakte seit dem 7. März 1820 auf, aber obwohl dies der Inquisition ein Weiterleben beschert hätte, erwiesen sich ihre Handlungen für den Rest des Jahrzehnts als äußerst fragil. Der ausländische Druck auf Ferdinand, das Heilige Offizium nicht wieder einzusetzen, war stark, und wegen seiner politischen und finanziellen Abhängigkeit von Frankreich konnte er diesen Forderungen keinen Widerstand entgegensetzen. Wegen der Wirren der letzten zwanzig Jahre war die Inquisition inwischen zu einem Identitäts- und Glaubenssymbol für alle diejenigen geworden, die noch konservativeren Ansichten nachhingen als Ferdinand selbst. In einigen Diözesen wurden *Juntas de Fe* eingerichtet, die gegen nahezu alles waren, was draußen in der modernen Welt vor sich ging; selbst Ferdinand und seine Anhänger galten ihnen als Liberale.

Das letzte Opfer

Der Führer der Junta von Valencia, Dr. Miguel Toranzo, hatte 1824 das zweifelhafte Privileg, das letzte Todesurteil wegen Ketzerei in Spanien auszusprechen – gegen einen Schulmeister aus Rusafa namens Cayetano Ripoll. Der unglückliche Lehrer war in französischer Gefangenschaft während des Unabhängigkeitskrieges zum Deisten, zum Anhänger der aufgeklärten »Vernunftreligion«, geworden und weigerte sich, trotz zweijähriger Gefängnishaft und den Bemühungen zahlreicher katholischer Theologen standhaft zu widerrufen. Er wurde der weltlichen Audiencia, dem Obersten Gerichtshof von Valencia, übergeben und am 26. Juli 1826 hingerichtet. Als ein Zeichen für die zunehmend konservativen Tendenzen unter den traditionalistischen Katholiken dieser Zeit kann gewertet werden, dass der Erzbischof von Valencia, Simón López, dem Richter Toranzo zu seinem »Erfolg« in diesem Fall gratulierte.

Die Aufhebung

Trotz ihrer letzten Aktivitäten überlebten die Juntas de Fe das folgende Jahr nicht, und im Jahre 1829 beendete Papst Pius VIII. auf Ansuchen König Ferdinands die 300jährige Unabhängigkeit der spanischen Inquisition und übertrug alle Fälle von Ketzerei seinem eigenen Tribunal an der Kurie. Dies war gewiss der bemerkenswerteste Akt seines zwanzig Monate währenden Pontifikats. Das entsprechende päpstliche Schreiben wurde am 6. Februar 1830 von Ferdinand bestätigt. Wie der päpstliche Nuntius bereits erklärt hatte, als die Cortes 1812/1813 die Inquisition abschaffte: Was der Papst gebunden hat, kann nur der Papst lösen. Indessen, wie bei so vielen Gelegenheiten unter der Herrschaft Isabellas und Ferdinands, hatte die spanische Krone doch das letzte Wort. Durch eine elegante Ironie wurde das Vermögen der Inquisition, das die Empfänger von ihren Gefangenen konfisziert hatten, jetzt einem »Empfänger konfiszierten Vermögens« ausgehändigt: der königlichen Behörde »de Espolios y Vacantes« (dem Amt für Geraubtes und Herrenloses Gut). Als die Inquisitoren noch dabei waren, um die Versorgung der Mitglieder einer todgeweihten Institution – die noch in ihren Funktionen befindlichen Amtsträger und Familiares – zu kämpfen, nahte der letzte Akt: Königin María Cristina, die Witwe Ferdinands VII. und Regentin der minderjährigen Isabella II., löste die Spanische Inquisition am 15. Juli 1834 auf. Wieder eine Ironie der Geschichte: Die zweite Isabella beendete, was einst die erste Isabella begonnen hatte.

ZEHNTES KAPITEL
Die Inquisition heute: Mythos und Wirklichkeit

Der letzte Vorhang?

Auch wenn für die Inquisition der letzte Vorhang im Jahre 1834 gefallen war, bedeutete das keineswegs, dass die Katholische Kirche die Verteidigung der christlichen Rechtgläubigkeit aufgegeben hätte. Ganz im Gegenteil: Das 19. und 20. Jahrhundert erlebte praktische und intellektuelle Bemühungen des Papsttums, sich Tendenzen der modernen Welt entgegenzustemmen, die es als Bedrohung des unmittelbar auf Christus und den Aposteln fußenden christlichen Glaubens empfand. Nach der Machtprobe mit Napoleon – der größten Gefahr für die Kirche, seit die Truppen Karls V. im Jahre 1527 Rom geplündert und Papst Clemens VII. gefangengenommen hatten – sah sich das Papstum genötigt, auch weiterhin gegen die »Hydra der Glaubensfeinde« Front zu machen. Es war in Spanien, wo man zum ersten Mal die moderne Unterscheidung zwischen »liberal« und »konservativ« vornahm – die einzigen Optionen für einen Knaben im viktorianischen England, folgt man dem Aperçu des Operettenlibrettisten W. S. Gilbert (1836–1911). Mögen Liberalismus und Konservatismus im expandierenden Britischen Empire mit seiner weitgehend unangefochtenen herrschenden Klasse eine verhältnismäßig harmlose Unterscheidung im Kontext der Parlamentsdebatten gewesen sein, so ließe sich Entsprechendes für das kontinentale Europa nicht sagen. In Spanien standen diese Begriffe für einen mächtigen intellektuellen und politischen Konflikt, der sich bis zum Ende des 20. Jahrhunderts durch die Geschichte des Landes zog. Obwohl die Abschaffung der Inquisition im Jahre 1834, wie auch die ursprüngliche Einführung in Kastilien im Jahre 1478, rechtlich auf das Papsttum zurückging, hörte die Inquisition in Rom – Hort der katholisch-doktrinären Orthodoxie – zu dieser Zeit nicht auf zu existieren. Während des gesamten 19. Jahrhunderts und auch noch im 20. Jahrhundert kämpften die Päpste nicht nur für ihre politische Unabhängigkeit – zuerst gegen Napoleon und dann gegen das vereinigte Italien nach 1870 –, sondern auch gegen die Philosophien und politischen Ideologien der modernen Welt: Liberalismus, Sozialismus, Kommunismus, naturwissenschaftliche Methoden und Forschung. Im Jahre 1588, dem Jahr der gegen England ausgeschickten spanischen Armada, hatte Papst Sixtus V. die römische Inquisition Papst Pauls IV. von 1542 reorganisiert. Zur Unterstützung seines Kampfes gegen den »Modernismus« – das heißt den Einfluss intellektueller Techniken der Zeit auf Theologie und Bibelkritik – schloss Papst Pius X. (1904–1914) die Inquisition unter dem Namen »Kongregation des Heiligen Offiziums« in seine Reorganisation der verschiedenen Kongregationen oder Abteilungen der römischen Kurie ein. 1965 reformierte Paul VI. (1965–1978) die Institution als »Kongregation für die Glaubenslehre« (Sacra Congregatio pro Doctrina Fidei). Ihre Funktion, die Sicherung der Lehre der Römisch-Katholischen Kirche in Fragen des Glaubens und der Moral, wurde erweitert durch die zusätzliche Aufgabe, die richtige Lehre in der Kirche aktiv zu fördern. Vorsitzender (»Präfekt«) der »Glaubenskongregation«, wie sie gewöhnlich genannt wird (obwohl der bis 1965 gültige Name »Sanctum Officium«, »Heiliges Offizium«, noch in informellem Gebrauch sein soll), ist seit 1968, wie auch bei den anderen Kongregationen, ein Kurienkardinal. Inhaber dieses Amtes ist seit 1981 Joseph Kardinal Ratzinger, der in beiden von Paul VI. im Jahre 1968 definierten Rollen tätig war. Unter sei-

Joseph Kardinal Ratzinger (°1927). Der einstige Konzilstheologe wurde 1981 zum Präfekten der Glaubenskongregation ernannt. © KNA, Frankfurt a. M. 1997.

Leonardo Boff (°1938), Franziskaner, katholischer Theologe, von der Glaubenskongregation gerügter Wortführer eines sozial und politisch engagierten Katholizismus.

nem Vorsitz und in enger Anbindung an Papst Johannes Paul II. (ab 1978) ist die Glaubenskongregation weiterhin in ihrer traditionellen inquisitorischen Rolle tätig und überprüft alle wichtigen Dokumente, die vom Vatikan herausgegeben werden, auf doktrinäre Korrektheit. Auch fordert sie von Zeit zu Zeit die Schriften namhafter katholischer Theologen zur Überprüfung an, wie etwa die Arbeiten von Gustavo Gutiérrez, Leonardo Boff und Hans Küng, denen man vorgeworfen hat, vom rechten katholischen Glauben abgewichen zu sein. Bisweilen wird Personen in Geheimverfahren ihre theologische Lehrbefähigung abgesprochen, in anderen Fällen wird ihnen Schweigen auferlegt, bis sie ihre Ansicht korrigiert haben, um dann wieder die Erlaubnis zu erhalten, erneut als Repräsentanten der Römisch-Katholischen Kirche Theologie lehren zu dürfen. Die modernen Verfahren der »Inquisition« verraten – vielleicht notwendigerweise – einige Einflüsse aus der Vergangenheit, vor allem in Bezug auf ihren geheimen Charakter, der (wie betont wird) darauf abzielt, den Ruf eines Unschuldigen zu schützen. Kardinal Ratzingers Kongregation kann jedoch für die Durchsetzung ihres Willens nicht auf den weltlichen Arm zurückgreifen. Im Allgemeinen entstammen die Personen, welche direkt den Maßnahmen der Kongregation unterworfen sind, nicht den Rängen der gewöhnlichen Gläubigen, dem »Volk Gottes«, wie es das Zweite Vatikanische Konzil (1962–1965) formulierte, sondern sind Theologen und Lehrer, bisweilen Bischöfe und Priester. Allerdings erreicht die Glaubenskongregation die Kirche durch ihre entscheidende Rolle bei der Zusammenstellung des Katechismus' der Katholischen Kirche, der im Jahre 1985 nach einer außerordentlichen Bischofssynode herausgegeben wurde.

Die Haltung des Vatikans

Auch wenn die traditionelle Sorge der Führer der Römisch-Katholischen Kirche um den reinen Glauben und die richtige Lehre die Angriffe einer schier unendlichen Vielfalt von Philosophien und Religionen überlebt hat, unternahm das Papsttum unter Johannes Paul II. doch Versuche, Fehler der Vergangenheit anzusprechen. Dies insbesondere, da der zweitausendste Jahrestag der Geburt Christi (zumindest nach traditioneller Zeitrechnung) bevorstand. Im Jahre 1992 räumte die Kirche ein, es sei falsch gewesen, Galileo Galilei im Jahre 1643 zu verurteilen, weil er gesagt habe, die Erde umkreise die Sonne. (Am 12. März 2000 folgte das »Mea Culpa«, ein öffentliches Schuldbekenntnis, in dem Papst Johannes Paul II. wie auch Kardinal Ratzinger und andere führende Vertreter der Katholischen Kirche – ohne die Inquisition explizit zu nennen – »für den Gebrauch der Gewalt, zu dem einige im Dienst an der Wahrheit geschritten seien« um Vergebung baten und bekannten, dass »die Christen bisweilen Methoden der Intoleranz zugelassen« haben. Anm. des Übersetzers.) Ein anderes Problem, das Johannes Paul II. während seines gesamten Pontifikats beschäftigt hat, ist die Geschichte der Beziehung zwischen der Katholischen Kirche und den Juden, die von seiten der Christen oft durch Diskriminierung und Gewalt vergiftet war. Einige nichtkatholische Kirchen, unter anderem in Deutschland und Österreich, haben seit 1945 vergleichbare Anstrengungen unternommen, den Anteil ihrer Kirchen beim Schüren antijüdischer Ressentiments unter ihren Mitgliedern zuzugeben und zu bedauern. Hätten doch solche Ressentiments schließlich den Boden für Adolf Hitlers Versuch vorbereitet, die Juden im Holocaust vollständig physisch zu eliminieren und aus der Weltgeschichte auszulöschen. Die Geschichte der katholischen Haltung gegenüber den Juden reicht weiter zurück und geht an die Wurzeln vieler antijüdischer Phänomene – und dazu gehört auch die Inquisition in Spanien und im übrigen Westeuropa. Es ist deshalb von großer Bedeutung, dass die Römische Kirche unter der Führung von Papst Johannes Paul II. konkrete Anstrengungen unternommen hat, ihre Lehre über die Beziehungen zwischen Christentum und Judentum zu revidieren und frühere Fehler bei der Behandlung der Juden einzuräumen. Der Prozess setzte am Ende des Zweiten Vatikanischen Konzils im Jahre 1965 ein, und zwar mit der Veröffentlichung eines Dokuments mit dem Titel *Nostra Aetate* (In unserer Zeit). Zehn Jahre später, im Januar 1975 und noch unter dem Pontifikat Pauls VI., gab der Vatikan einen umfassenden Leitfaden für die Interpretation der Abschnitte von *Nostra Aetate* heraus, die sich mit Juden und jüdischer Religion befassen. 1985 wurde auf Initiative Johannes' Pauls II. weiteres Material veröffentlicht, das katholischen Lehrern und Religionslehrern bei der Interpretation und Anwendung der neuen und veränderten Haltung gegenüber Juden und der jüdischen Religion helfen sollte. (Im Heiligen Jahr 2000 haben Papst und Vatikan in der oben zitierten Erklärung »Mea Culpa« auch für die »gegen das Volk des Bundes ... begangenen Sünden« um Vergebung gebeten. Anm. des Übersetzers.) Eine vom Papst eingesetzte Kommission hat eine Entschuldigung für die während der mittelalterlichen Kreuzzüge begangenen Grausamkeiten formuliert, und schließlich wurde in diesem Zusammenhang im Jahre 1998 auch die Inquisition erwähnt, die ja ganz offenkundig für das Verhältnis zwischen Juden und Christen von höchster Bedeutung war. Man kündigte an, das »geheime« Archiv der Inquisition wissenschaftlicher Forschung öffnen zu wollen. Das besagte Archiv war im Jahre 1610 von Papst Paul V. errichtet worden, hatte aber wie die Aktenbestände der spanischen Tribunale in der napoleonischen Zeit starke Verluste erlitten, da bei seinem Transport nach Frankreich im Jahre 1809 etwa ein Drittel der Akten verloren ging. 1998 lud man eine Gruppe Historiker zur Erörterung und Untersuchung der römischen Inquisitionsakten in den Vatikan ein. Dokumente ab dem Jahr 1903 stehen noch nicht zur Einsicht zur Verfügung. Bislang gab es allerdings keine ausdrückliche »Entschuldigung« für die Tätigkeit der Inquisition.

Spanien und die Schwarze Legende

In Spanien sind die Dinge etwas anders verlaufen. Die heftige Auseinandersetzung zwischen Konservativen und Liberalen, in deren Verlauf die spanischen Inquisitionstribunale 1834 aufgelöst und ihr Vermögen vom Staat konfisziert wurde, entwickelte sich im 20. Jahrhundert zu einem Kampf um die Identität des Landes, der zu einem grausamen Bürgerkrieg und zu einer sechsunddreißig Jahre währenden Diktatur führte. Erst unter der konstitutionellen Monarchie König Juan Carlos' I. war es dem Staat dann möglich geworden, gegenüber Juden, Muslimen und Protestanten eine Entschuldigung auszusprechen. Unter der neuen Verfassung herrscht nun allgemeine Religionsfreiheit. Im Jahre 1992 gab der König in der Alhambra, dem einstigen Palast der maurischen Herrscher von Granada, in Anwesenheit von Vertretern der drei Religionen Abrahams eine diesbezügliche Erklärung ab. Heute erinnert das Museo Sefardí (Sephardisches Museum) in Toledo, untergebracht in der von Samuel ha-Levi im 14. Jahrhundert erbauten Synagoge, an die zweitausendjährige Rolle der Juden im Leben Spaniens. Aber wenn die Inquisition noch heute fortlebt, dann nicht nur in den Erinnerungsstücken des Museums in Toledo – ein Tintenfass, ein Siegel, ein Glastablett –, sondern auch im Geiste derer, die von den Werken der Literatur und der bildenden Kunst beeinflusst sind.

Das Schlagwort »Leyenda negra« (»Schwarze Legende«) wurde erst 1913 geprägt, und zwar von Julián Juderías, einem Beamten des spanischen Erziehungsministeriums. In diesem Jahr gewann Juderías einen Preis in einem literarischen Wettbewerb für sein Buch *La Leyenda negra y la verdad histórica* (»Die Schwarze Legende und die historische Wahrheit«), das unter dem verkürzten Titel *La Leyenda negra* veröffentlicht wurde. Darin entwickelt der Autor die Idee einer im Ausland zirkulierenden Vielzahl phantastischer Berichte über Vorgänge in Spanien. Zu dieser Zeit reagierte das Land besonders sensibel auf die Meinung des Auslands, da es erst kürzlich, im Jahre 1898, seine letzten kolonialen Besitzungen von Bedeutung, Cuba und die Philippinen, an die USA verloren hatte. Der Begriff »Schwarze Legende« gewann bei den Gegnern und den Verteidigern Spaniens große Beliebtheit, er prägte nachhaltig das Image Spaniens. Die Ursprünge des ganzen Vorstellungskomplexes jedoch gehen auf die Zeit zurück, als Spanien nach der Eroberung Granadas als westeuropäische Macht auf der politischen Bildfläche erschien. Die Erfolge der spanischen Waffen in Sizilien, Sardinien und auf dem italienischen Festland erweckten unter den Italienern Furcht, aber auch Neid. Nach der französischen Invasion von 1494 erlebten die Städte und Fürstentümer Italiens eine ganze Serie ausländischer Invasionen – aus Frankreich, Spanien, dem Heiligen Römischen Reich und der Eidgenossenschaft –, die weitestgehend die politische Unabhängigkeit Italiens auslöschten. Die Italiener allerdings fühlten sich den Invasoren und den fremden Herrschern wegen der Errungenschaften der Renaissance kulturell haushoch überlegen. Ab etwa 1500 verbreitete sich der Mythos, die Spanier seien besessen von aristokratischem Dünkel (*hidalguía*), zeigten sich arrogant und versnobbt, zugleich aber auch brutal und unkultiviert. Rasch wurde die Inquisition in den Köpfen der Italiener mit diesen antispanischen Ressentiments verknüpft. Als Ferdinand die Herrschaft Neapel seinen Besitzungen in Sardinien und Sizilien hinzufügte, versuchte er, die spanische Form der Inquisition auch hier einzuführen und die bereits existierenden traditionellen bischöflichen Tribunale abzuschaffen. Der Versuch missglückte, und es kam 1511 und 1526, vermutlich wegen der Exzesse von Inquisitionsspitzeln, in Sizilien zu weiteren Aufständen gegen die spanische Herrschaft. In Neapel brachen 1547 und 1564 allein bei dem Gerücht, die spanische Spielart des Sanctum Officium solle eingeführt werden, Revolten aus. Zur gleichen Zeit half ein ähnliches Gerücht, den Aufstand der Niederlande zu beschleunigen, der schließlich zur Gründung einer unabhängigen Republik in Holland führte.

Die wachsende Spaltung zwischen den Katholiken und dem protestantischen Europa stellte Spanien an die vorderste Front im Kampf gegen protestantische Aktivitäten in England und den Niederlanden. Damit vermehrten englische und niederländische Protestanten das ohnehin bereits existierende schriftliche und bildliche Material über die wirklichen oder angenommenen Grausamkeiten der Spanier. In beiden Ländern erlebten die Protestanten das Auftreten spanischer Soldaten und Kirchenleute – in England unter Maria Tudor, und in den Niederlanden bei dem Versuch, den dortigen Aufstand niederzuschlagen. Seit dieser Zeit ist der Ruf Marias als »blutige« Herrscherin unauslöschlich mit Spanien und ihrem spanischen Ehemann verbunden. Eine andere wichtige Quelle antispanischer Ressentiments war Frankreich, das im ausgehenden 16. Jahrhundert und im 18. Jahrhundert sehr viele bildliche Dokumente über die Grausamkeiten der spanischen und portugiesischen Inquisition lieferte. Es darf somit nicht überraschen, dass das Heilige Offizium zur Zeit seiner Existenz und auch noch nach seiner Abschaffung so oft zum Kristallisationspunkt der spanischen Identität wurde – im Guten wie im Schlechten. Im beginnenden 17. Jahrhundert hatte der Herzog von Olivares in sein Konzept zur Reform der spanischen Regierung und des Reiches auch eine Revision der Inquisitionstätigkeit und des Statuts über die »Reinheit des Blutes« aufgenommen. Später, während der Krise der napoleonischen Ära und während der endgültigen Auflösung des spanischen »Kolonialreiches« von 1898, wurde die Schöpfung Ferdinands und Torquemadas mit geradezu obsessiver Intensität behandelt. Es ist sicher gut und richtig, die Geschichte der Inquisition einmal so nüchtern wie möglich darzustellen. Dennoch, solange Menschen welcher Nation und Ideologie auch immer, nicht davon ablassen, Opfer zu schaffen, weil sie glauben, für das Gute zu wirken, bedarf es hoher Wachsamkeit gegenüber weiteren »Inquisitionen« oder ihren Entsprechungen.

ANHANG
Literaturverzeichnis

(Die in der ursprünglichen Bibliografie enthaltenen englisch-, spanisch-, katalanisch- und französischsprachigen Werke wurden für die vorliegende Ausgabe durch eine Reihe vor allem deutschsprachiger Werke ergänzt. Der Verlag dankt *Ursula und Ludwig Vones*, Köln, für wertvolle bibliografische Hinweise.)

AGUILAR, M.; ROBERTSON, A., A Guide to Jewish Spain, Madrid 1984.

AMIEL, CHARLES; LIMA, ANNE (Hg.), L'Inquisition de Goa. La relation de Charles Dellou (1687), Paris 1997.

AZCONA, TARSICIO DE, Isabel la Católica, Madrid 1964.

AZCONA, TARSICIO DE, Juana de Castilla, mal Ilamada ›la Beltraneja‹, 1462–1530, Madrid 1998.

BAER, FRITZ (YITZHAK), Die Disputation von Tortosa (1413-1441), Spanische Forschungen der Görres-Gesellschaft. Gesammelte Aufsätze zur Kulturgeschichte Spaniens 3, 1931.

BAER, FRITZ (YITZHAK), Die Juden im christlichen Spanien. Urkunden und Regesten, 2 Bde, Berlin 1929-36.

BAER, FRITZ (YITZHAK), Studien zur Geschichte der Juden im Königreich Aragonien während des 13. und 14. Jahrhunderts, Berlin 1913 (Nachdr. Vaduz 1965).

BAER, YITZHAK, A history of the Jews in Christian Spain, 2 Bde, Philadelphia und Jerusalem [1961, 1966] 1992.

BARBER, MALCOLM, Die Katharer, Düsseldorf und Zürich 2002 (in Vorber.).

BARBER, MALCOLM, The two cities. Medieval Europe, 1050–1320, London 1992.

BARTLETT, ROBERT, The making of Europe. Conquest, colonisation and cultural change, London 1994.

BATTENBERG, FRIEDRICH, Das europäische Zeitalter der Juden, 2 Bde, Frankfurt 2000.

BEINART, HAIM, Conversos on trial. The Inquisition in Ciudad Real, Jerusalem 1951.

BEINART, HAIM, La Inquisición española y la expulsión de los judíos de Andalucía (Jews and conversos, ed. YOSEF KAPLAN, Jerusalem 1985).

BELENGUER, ERNEST, Ferrando el Católico, Barcelona 1999.
BEN-SASSON, H. H. (Hg.), Geschichte des jüdischen Volkes. Von den Anfängen bis zur Gegenwart. München 1992.
BENITO RUANO, ELOY, Reinserción temprana de judíos expulsos en la sociedad española (Pensamiento medieval hispano. Homenaje a HORACIO SANTIAGO OTERO, Madrid 1998).
BERNÁLDEZ, ANDRÉS, Memorias de los Reyes Católicos, ed. MANUEL GÓMEZ MORENO und JUAN DE MATA CARRIAZO, Madrid 1962.
BETHENCOURT, FRANCISCO, L'Inquisition à l'époque moderne, Paris 1995.
BILLER, PETER; HUDSON, ANNE (Hg.), Heresy and literacy, 1000–1530, Cambridge 1994.
BLUMENKRANZ, BERNHARD, Die Judenpredigt Augustins. Ein Beitrag zur Geschichte der jüdisch-christlichen Beziehungen in den ersten Jahrhunderten, Basel 1946 (Nachdr. Paris 1973).
CANOSA, R., Storia dell'Inquisizione in Italia, 5 Bde., Roma 1986-1990.
CANTERA BURGOS, FRANCISCO, Fernando del Pulgar and the converses, 1944 (abgedr. in: Spain in the fifteenth century, 1369–1516, hg. ROGER HIGHFIELD, London 1972).
CERVANTES, FERNANDO, The Devil in the New World. The impact of diabolism in New Spain, New Haven und London 1994.
CLANCHY, M.T., From memory to written record. England, 1066–1307, Oxford [1979] 1993.
CLOT, ANDRÉ, al-Andalus. Das maurische Spanien, Düsseldorf und Zürich 2002.
COHEN, JEREMY, The friars and the jews. The evolution of medieval anti-Judaism, Ithaca und London 1982.
COLLINS, ROGER, Early medieval Spain. Unity in diversity, 400–1000, London 1983.
CONDE Y DELGADO DE MOLINO, RAFAEL, La expulsión de los judíos de la Corona de Aragón. Documentos para su estudio (Fuentes Históricos Aragoneses, 19), Zaragoza 1991.
CONSTABLE, OLIVIA REMIE (ed.), Medieval Iberia. Readings from Christian, Muslim, and Jewish sources, Philadelphia 1997.
CORONAS TEJADA, LUIS, Conversos and Inquisition in Jaén, Jerusalem 1988.
DEDIEU, JEAN-PIERRE, L'administration de la foi. L'Inquisition de Tolède (XVIe–XVIIIe siècle), Madrid 1989.
DILLARD, HEATH, Daughters of the Reconquest. Women in Castilian town society, 1100–1300, Cambridge 1984.
DUFFY, EAMON, Saints and sinners. A history of the popes, 1997.

DUVERNOY, JEAN, Le registre d'Inquisition de Jacques Fournier, évêque de Pamiers, 1318–1325, 3 Bde, Paris und Den Haag 1978.
EDWARDS, JOHN, The Jews in Christian Europe, 1400–1700, London [1988] 1991.
EDWARDS, JOHN, The Jews in Western Europe, 1400–1600, Manchester 1994.
EDWARDS, JOHN, Religion and society in Spain, c. 1492, Aldershot 1996.
ELLIOTT, J. H., Europe divided, 1559–1598, London und Glasgow 1968.
ELLIOTT, J. H., The Count-Duke of Olivares. The statesman in an age of decline, New Haven und London 1986.
ESTOW, CLARA, Pedro the Cruel of Castile, 1350–1369, Leiden 1995.
FICHTENAU, HEINRICH, Ketzer und Professoren. Häresie und Vernunftglaube im Hochmittelalter, München 1992.
FITA, FIDEL, La verdad sobre el martirio del Santo Niño de La Guardia, Boletín de la Real Academia de la Historia 11, 1887.
FITA, FIDEL, Concilios españoles inéditos: provincial de Braga de 1261, y nacional de Sevilla de 1478, Boletín de la Real Academia de la Historia 22, 1893.
FLETCHER, RICHARD, The conversion of Europe. From paganism to Christianity, 371–1386, London 1997.
FORT I COGUL, EUFEMIA, Catalunya i la Inquisició, Barcelona 1973.
GAMPEL, BENJAMIN R., The last Jews on Iberian soil. Navarrese Jewry, 1479–1498, Berkeley, Los Angeles, Oxford 1989.
GARCÍA CÁRCEL, RICARDO, La Leyenda Negra. Historia y opinión, Madrid [1992] 1998.
GRACIA BOIX, RAFAEL, Colección de documentos para la historia de la Inquisición de Córdoba, Córdoba 1982.
GRACIA BOIX, RAFAEL, Autos de fe y causas de la Inquisición de Córdoba, Córdoba 1983.
GREENLEAF, RICHARD E., The Mexican Inquisition of the sixteenth century, Albuquerque 1969.
GRIFFITHS, NICHOLAS, The cross and the serpent. Religious repression and resurgence in colonial Peru, Norman und London 1996.
HALICZER, STEPHEN, Inquisition and society in the kingdom of Valencia, 1478–1834, Berkeley, Los Angeles, Oxford 1990.
HAMILTON, BERNARD, The Albigensian crusade, London 1974.
HAMILTON, BERNARD, The medieval Inquisition, London 1981.
HARVEY, A.E., Forty strokes save one: social aspects of judaizing and apostasy (Alternative approaches to New Testament, hg. DERS., London 1985).
HERGEMÖLLER, BERND-ULRICH, Krötenkuss und schwarzer Kater.

Ketzerei, Götzendienst und Unzucht in der inquisitorischen Phantasie des 13. Jahrhunderts, Warendorf 1996.

HEYMANN, FRITZ, Tod oder Taufe. Die Vertreibung der Juden aus Spanien und Portugal im Zeitalter der Inquisition, hg. HANS J. SCHOEPS, Frankfurt a. M. 1988.

Inquisición y conversos. III Curso de Cultura Hispano-judía y Sefardí, Toledo o. J.

KAMEN, HENRY, The Mediterranean and the expulsion of Spanish Jews in 1492, Past and Present 119, 1988.

KAMEN, HENRY, Spain 1469–1714. A society of conflict, London und New York [1983] 1991.

KAMEN, HENRY, The Phoenix and the flame. Catalonia and the Counter Reformation, New Haven und London 1993.

KAMEN, HENRY, The Spanish Inquisition. An historical revision, London 1997.

KOLMER, L., Ad capiendas vulpes. Die Ketzerbekämpfung in Südfrankreich in der ersten Hälfte des 13. Jahrhunderts und die Ausbildung des Inquisitionsverfahrens, Bonn 1982.

LA LUMIA, ISIDORO, Histoire de l'expulsion des Juifs de Sicile, 1492, Paris 1992.

LADERO QUESADA, MIGUEL ÁNGEL, España en 1492, Madrid 1978.

LADERO QUESADA, MIGUEL ÁNGEL, Granada. Historia de un pais islámico, Madrid 1979.

LAMBERT, MALCOLM, Häresie im Mittelalter. Von den Katharern bis zu den Hussiten, Darmstadt 2001.

LEA, HENRY CHARLES, El Santo Niño de La Guardia, 1889, 1890 (abgedr. in: Chapters from the religious history of Spain connected with the Inquisition, New York 1967).

LEA, HENRY CHARLES, Geschichte der spanischen Inquisition, 3 Bde, Aalen 1980 (Nachdr. der dt. Ausg. 1911–1912).

LEA, HENRY CHARLES, Geschichte der Inquisition im Mittelalter, 3 Bde, Aalen 1980 (Nachdr. der dt. Ausg. 1905–1913).

LE ROY LADURIE, EMMANUEL, Montaillou. Ein Dorf vor dem Inquisitor, Frankfurt a. M., Berlin, Wien 1980.

LEMM, ROBERT, Die spanische Inquisition. Geschichte und Legende, München 1996.

LEROY, BÉATRICE, Die Sephardim. Geschichte des iberischen Judentums, München 1987.

Lexikon des Mittelalters, München und Zürich 1977–1999.

LLORCA, BERNARDINO, Bulario pontificio de la Inquisición española en su período constitucional, Roma 1949.

LUZZATI, MICHELE (Hg.), L'Inquisizione e gli ebrei in Italia, Roma und Bari 1994.
LYNCH, JOHN, Bourbon Spain, 1700–1808, Oxford 1989.
MARTÍ GILABERT, Francisco, 1975. La abolición de la Inquisición en España, Pamplona 1989.
MARTÍNEZ MILLÁN, JOSÉ, La hacienda de la Inquisición (1478–1700), Madrid 1984.
MERLO, GRADO, Eretici e inquisitori nella società piemontese del trecento, Torino 1977.
MEYERSON, MARK D., The Muslims of Valencia in the age of Fernando and Isabel. Between coexistence and Crusade, Berkeley, Los Angeles, Oxford 1991.
MOLLAT, GUY (HG.), Bernard Gui, Manuel de l'Inquisiteur, 2 Bde, Paris 1964.
MONTER, WILLIAM, Frontiers of heresy. The Spanish Inquisition from the Basque lands to Sicily, Cambridge 1990.
MOORE, R.I., The birth of popular heresy [= Documents of medieval history, I], London 1975.
MOORE, R.I., The origins of European dissent, Oxford [1977] 1985.
MORRISON, KARL F., Understanding conversion, Charlottesville 1992.
MOTÍS DOLADER; MIGUEL ÁNGEL, La expulsión de los judíos del reino de Aragón, 2 Bde, Zaragoza 1990.
NETANYAHU, B[ENZION], Don Isaac Abravanel. Statesman and philosopher, Ithaca und London [1953, 1968, 1972] 1998.
NETANYAHU, B., The origins of the Inquisition in fifteenth-century Spain, New York 1995.
NETANYAHU, B., Sánchez-Albornoz' view of Jewish history in Spain (Toward the Inquisition. Essays on Jewish acid converso history in late medieval Spain, Ithaca und London 1997).
O'CALLAGHAN, JOSEPH F., The learned king. The reign of Alfonso X of Castile, Philadelphia 1993.
PERRY, MARY ELIZABETH; CRUZ, ANNE J. (Hg.), Cultural encounters. The impact of the Inquisition in Spain and the New World, Berkeley, Los Angeles, Oxford 1991.
PETERS, EDWARD, Torture, Oxford 1985.
PETERS, EDWARD, Inquisition, Berkeley und Los Angeles [1988] 1989.
PIMENTA FERRO TAVARES, MARIA JOSÉ, Expulsion or integration? The Portuguese Jewish problem (Crisis acid creativity in the Sephardic world, 1391–1648, hg. BENJAMIN R. GAMPEL, New York und Chichester 1997).
PRADO MOURA, ÁNGEL DE, Las hogueras de la intolerancia. La actividad

represora del tribunal inquisitorial de Valladolid (1700–1834), Valladolid 1996.

PULLAN, BRIAN, The Jews of Europe and the Inquisition of Venice, 1550–1670, Oxford 1983.

RATZINGER, JOSEPH KARDINAL, Das „Salz der Erde". Die katholische Kirche an der Jahrtausendwende. Ein Gespräch, Stuttgart 1996.

REESE, THOMAS J., Inside the Vatican. The politics and organisation of the Catholic Church, Cambridge, Massachusetts 1996.

RENDA, FRANCESCO, La fine del giudaismo siciliano, Palermo 1993.

ROTH, NORMAN, Conversion, Inquisition, and the expulsion of the Jews front Spain, Madison 1995.

SALA-MOLINS, LOUIS (Hg.), Nicolau Eymerich, Le manuel de l'Inquisiteur, Paris 1973.

SALA-MOLINS, LOUIS, Le dictionnaire des inquisiteurs, Paris 1981.

SÁNCHEZ ORTEGA, MARÍA ELENA, La Inquisición y los gitanos, Madrid 1988.

SAYERS, JANE, Innocent III. Leader of Europe, 1198–1216, London 1994.

SCHULIN, ERNST, Die spanischen und portugiesischen Juden im 15. und 16. Jahrhundert. Eine Minderheit zwischen Integrationszwang und Verdrängung (Die Juden als Minderheit in der Geschichte, München 1981).

SCHULZE, URSULA (Hg.), Juden in der deutschen Literatur des Mittelalters. Religiöse Konzepte – Feindbilder – Rechtfertigungen, Tübingen 2002.

SEGL, PETER (Hg.), Die Anfänge der Inquisition im Mittelalter, Köln, Weimar, Wien 1993.

SICROFF, ALBERT A., Los estatutos de limpieza de sangre. Controversias entre los si glos XV y XVII, Madrid [1960] 1985.

TANNER, NORMAN P. (Hg.), Heresy trials in the diocese of Norwich, 1428–31, London 1977.

TELLECHEA IDÍGORAS, J. IGNACIO, Fray Bartolomé Carranza y el cardenal Pole. Un navarro en la restauración católica de Inglaterra (1554–1558), Pamplona 1977.

THOMPSON, COLIN P., The strife of tongues. Fray Luis de León and the Golden Age of Spain, Cambridge 1988.

TRUSEN, WINFRIED, Das Verbot der Gottesurteile und der Inquisitionsprozeß (Sozialer Wandel im Mittelalter, hg. JÜRGEN MIETHKE, Sigmaringen 1994).

VINCKE, JOHANNES, Zur Vorgeschichte der Spanischen Inquisition, Bonn 1941.

VONES, LUDWIG, Die Vertreibung der spanischen Juden 1492 (1492–

1992. 500 Jahre Vertreibung der Juden Spaniens, hg. H. H. HENRIX, Aachen 1992).

VONES, LUDWIG, Geschichte der Iberischen Halbinsel im Mittelalter (711–1480), Sigmaringen 1993.

VONES, LUDWIG, Krone und Inquisition. Das aragonesische Königtum und die Anfänge der kirchlichen Ketzerverfolgung in den Ländern der Krone Aragón (Die Anfänge der Inquisition im Mittelalter, hg. PETER SEGL, Bayreuther Historische Kolloquien, Bd 7, Köln, Weimar, Wien 1993).

VONES, LUDWIG, Vom Pogrom zur Vertreibung. Die Entwicklung des jüdisch-christlichen Verhältnisses in den Kronen Kastilien und Aragón von 1391 bis 1492 (Studien zum 15. Jahrhundert. Festschrift für ERICH MEUTHEN, hg. JOHANNES HELMRATH, HERIBERT MÜLLER, HELMUT WOLFF, Bd. 2, München 1994).

VONES, LUDWIG, Inquisition, in: Lexikon für Theologie und Kirche, 3. Auflage, Bd V, Freiburg 1996.

VONES, LUDWIG, Königin Isabella die Katholische von Spanien (Frauen des Mittelalters in Lebensbildern, hg. KARL RUDOLF SCHNITH, Graz, Wien, Köln 1997).

WAKEFIELD, WALTER L.; EVANS, AUSTIN P., Heresies of the High Middle Ages, New York o. J.

WIGODER, GEOFFREY, Jewish-Christian relations since the Second World War, Manchester 1988.

ZERNER, MONIQUE (Hg.), Inventer l'hérésie? Discours polémiques et pouvoirs avant l'Inquisition, Nice 1998.

Register der Personen, Orte und Werke

Abraham Seneor 111
Ademar von Chabannes 18, 20
Aguayo, Pedro de 69
Aguilar, Alonso de 68 ff.
Alanus ab Insulis/Alan von Lille 30
Albarracín 56, 109
Albi 37
Albigenser 37
Alcalá de Henares 123
Alexander III., Papst 28, 37
Alexiuslied 26
Alfons I., König von Aragón und Navarra 44
Alfons V., König von Portugal 70
Alfons VI., König von Kastilien-León 57
Alfons VIII., König von Kastilien-León 58
Alfons X. »der Weise«, König von Kastilien-León 59
Alfons X., *Siete Partidas* 5 f., 175
Alfons XI., König von Kastilien-León 63
Alfons, Halbbruder Heinrichs IV. von Kastilien 67
Algarve 58
Amsterdam 159
Andalusien 58, 70, 74, 87, 131, 159
Aquitanien 19
Aragón 37, 41, 44, 53, 64, 76 f., 86, 88, 108 ff., 117, 129, 144, 152

Arbués de Epila, Pedro, Inquisitor 78, 81, 129
Aribert, Erzbischof von Mailand 21
Aristoteles 33
Arius 49
Arnald-Amalric, Abt von Cîteaux 37
Arnold von Brescia 29
Astorga 53, 104
Augustinus, Bischof von Hippo 15 f., 47, 48, 60, 64
Ávila 107 f.
Ayala, Martín de, Erzbischof von Granada 119

Badajoz 114
Baer, Yitzhak 94, 110
Balearen 58, 61
Barcelona 56, 76 f., 92
Beinart, Chaim 110
Beltrán de la Cueva 71
Benedikt von Cluse 20
Benito García 104
Bernhard Gui/Bernardus Guidonis 83
Bernhard von Clairvaux 36
Boff, Leonardo 182
Bogomilen 32
Bologna 39
Bonner, Bischof von London 143
Brasilien 136

Bulgarien 32
Burgo de Osma 102, 123

Cabades, Agustín de, Mercedarier 169
Cabra, Graf von 68
Cádiz 109, 174
Calahorra 130
Campomanes, Graf von 166
Cangas de Onís 53
Carafa, Giovanni Pietro (Papst Paul IV.), Inquisitor 138
Carcassonne 92
Carranza, Bartolomé, Erzbischof von Toledo 125, 151 f.
Castro, Américo 94
Cayetano Ripoll 177
Cervantes, Miguel de *Don Quijote* 153
Chalkedon, Konzil von 15
Chintila, Westgotenkönig 50
Cid, El (Rodrigo Díaz) 57
Cisneros, Francisco Jiménez de, Erzbischof von Toledo 116, 123, 124
Cîteaux 36
Ciudad Real 65, 68, 75, 88
Ciudad Rodrigo 114
Clemens VII., Papst 118
Cluniazenser 36, 57
Columbus, Christoph 139
Comes, Joan, Inquisitor 79 f.
Córdoba 51, 53, 58, 65, 68 ff., 74 f., 87, 92, 109, 116, 173
Cortés, Hernán 139

Damião de Gois, Chronist 133
David Reuben 135
Dávila, Juan Arías, Bischof von Segovia 68

De Avalos, Erzbischof von Granada 116
Diego de Merlo 73 f., 92
Diego, Bischof von Osma 38
Diogo da Silva, Generalinquisitor 135
Directorium inquisitorum 83
Dominikaner 38, 40, 42, 72
Dominikus, heiliger (Domingo Guzmán) 38 f., 155
Durandus von Osca (Huesca?) 30
Eckbert von Schönau 32, 36
Eduard I., König von England 112
Eduard VI., König von England 142
Egica, Westgotenkönig 50
Elisabeth I., Königin von England 143
Encyclopédie von Diderot und d'Alembert 164 f.
England 15, 143
Epila, Juan de 80
Erasmus von Rotterdam 121 f.
Espina, Alonso de, Franziskaner 161
Espina, Alonso de, Inquisitor 80
Estremadura 71
Eulogius, heiliger 53
Eymerich, Nicolau (Nicolas) 83, 88, 145

Ferdinand II. »der Katholische«, König von Aragón (Ferdinand V. von Kastilien) 58 f., 65, 70 f., 73, 75–80, 84, 87, 91, 94, 104, 111–115, 117, 122 f., 128, 144, 157, 160, 165, 188
Ferdinand VII., König von Spanien 171, 175–178
Floridablanca, Graf von 167

Fontevrault 27
Foucher/Fulcher, Bischof von Toulouse 39
Fournier, Jacques, Bischof von Pamiers (Papst Benedikt XII.) 43, 91, 105, 107
Franco, Yuçe 105, 108
Franz I., König von Frankreich 130
Franz von Assisi, heiliger 29, 39
Franziskanerspiritualen 84

Galicien 144
Galilei, Galileo 183
Garcés de Marcilla, Juan 79
García de Capillas, Alvar, Inquisitor 74
Gerhard, Bischof von Arras 20
Gibraltar 70, 164
Goa 136
Godoy, Manuel 171
González, Antón, Notar 108
González de Mendoza, Pedro, Erzbischof von Sevilla 72f., 86
Gottfried von Auxerre, Abt von Hautecombe 28
Granada 58, 61, 104, 109, 115ff., 119, 128
Gregor VII., Papst 21
Gregor IX., Papst 41, 44, 155
Griechenland 158
Guadalajara 124
Guadelupe, Hieronymitenkloster 71
Gualves, Juan Cristóbal de, Inquisitor 80
Guerrero, Erzbischof von Granada 116
Guichard von Pontigny, Erzbischof von Lyon 27, 29f.
Gutiérrez, Gustavo 182

Guzmán, Gaspar de, Graf von Olivares 159, –162, 188

Ha-Levi, Samuel 63, 186
Heinrich II., König von England 28
Heinrich VIII., König von England 143
Heinrich IV., König von Frankreich und Navarra 130
Heinrich IV. von Trastámara, König von Kastilien 62f., 65, 67f.
Heinrich von Le Mans/Lausanne, Prediger 22f., 29, 31
Heinrich von Marcy, päpstlicher Legat 28
Hexenhammer 157
Hieronymus, heiliger 147
Hildebert, Bischof von Le Mans 22
Hildegard von Bingen 32
Hitler, Adolf 184
Hojeda, Alonso de, Dominikanerprior 71, 74
Hugenotten 143, 152
Hussiten 44, 101

Ignatius, Bischof von Antiochia 14, 16
Iñigo, Martín, Inquisitor 80
Innozenz II., Papst 23
Innozenz III., Papst 30, 37, 38, 40
Innozenz VIII., Papst 80, 87
Isaak Abravanel 111
Isabella I. die »Katholische«, Königin von Kastilien und Aragón 58, 65, 70f., 73, 75, 84, 87, 91, 94, 104, 111ff., 115, 122f., 144, 157, 160, 165
Isabella, Infantin von Kastilien 133

Italien 112ff., 128, 136ff., 158, 187

Jaén 75, 109, 116
Jakob I., König von Aragón 44
Jérez de la Frontera 75, 109
Jesuitenorden 166
Johann (João) II., König von Portugal 131, 232
Johann (João) III., König von Portugal 135
Johann von Albret, König von Navarra 129
Johann »Bellesmains«, Erzbischof von Lyon 28
Johanna »la Beltraneja« 70, 71
Johanna I. »la Loca« (»die Wahnsinnige«), Königin von Kastilien und Aragón 119
Johannes Chrysostomos, 47
Johannes Paul II. Papst 182ff.
Johannesevangelium 16
Joseph, Bruder Napoleons und König von Spanien 171f.
Juan Carlos I., König von Spanien 186
Juderías, Julián 186
Juglar, Gaspar, Inquisitor 78

Kanarische Inseln 151
Karl der Große 53
Karl der Kühne, Herzog von Burgund 141
Karl II. König von Spanien 163
Karl III., König von Spanien 165, 166, 167
Karl IV., König von Spanien 170
Karl V., Kaiser (Karl I. von Spanien) 116ff., 121, 140f.
Kastilien 44, 54, 63ff., 70f., 73, 75, 88, 108ff., 117, 129, 152

Katalonien 44, 53, 76, 88, 152
Katharer 31, 33f., 37ff., 43, 84
Köln 32
Konstantinopel, Drittes Konzil von 14
Küng, Hans 182

La Guardia 105, 107, 108
Landulf von Mailand, Chronist 21
Languedoc 37, 38
Laon 26
Las Navas de Tolosa, Schlacht von 58
Le Mans 22
Lea, Henry Charles 85
León 54
Lissabon 130f., 133f., 158
Logroño 130, 157
Lollarden 44, 101
Lombardei 31
Lucius III., Papst 29
Ludwig IX., König von Frankreich 41
Ludwig XIV., König von Frankreich 165
Luis de León, Theologe und Dichter 126
Luna, Álvaro de 64
Luther, Martin 29,121, 141, 152

Mailand 30
Mani 19
Manichäer 32, 33
Manrique, Alfonso, Generalinquisitor 118
Manuel I., König von Portugal 132ff.
Marcos de García (Marquillos), Jurist 65
Margarita Teresa, Gemahlin Kaiser Leopolds 163

María Cristina, Regentin für Isabella, Infantin von Kastilien 179
María de los Dolores López 167
Maria I. »die Katholische«/»die Blutige«, Königin von England 125, 142, 188
Maria Teresa, Gemahlin Ludwigs XIV. 163
Maria von Burgund 141
Martialis (Martial), heiliger 20
Martínez, Ferrán, Archidiakon von Écija 63
Martínez del Barrio, Pedro, Inquisitor 74
Meir y Campillo, Francisco Javier de, Generalinquisitor 175
Messina 136
Mexico 139
Molinos, Miguel de, Mystiker 169
Monforte, Häretiker von 21, 32
Montaillou 43
Montesquieu, Charles-Louis Baron de 165
Montfort, Simon de 39, 41f., 58
Morillo, Miguel de, Inquisitor 73, 75
Morisken 153, 154, 155
Muret, Schlacht von 44, 58
Musa ibn Nusair 51

Napoleon 171, 173, 180f.
Navarra 53, 112, 128f., 152
Navarro, Martín, Inquisitor 79
Netanyahu, Benzion 86, 94, 110, 114
Nikolaus V., Papst 65
Norbert von Xanten 36
Nordafrika 112, 113

Offenbarung des Johannes (Apokalypse) 32
Olavides, Pablo de, Vogt von Sevilla 166
Omar I., Kalif 52
Omar II., Kalif 52
Omayyaden 51
Origenes 47
Orléans 18
Orts, Juan, Inquisitor 80
Osma de Burgo 145, 157
Osmanisches Reich 112

Palermo 136
Pamplona 130
Pastrana 124
Paul III., Papst 135, 138
Paul IV., Papst 181
Paul V., Papst 185
Paul VI., Papst 181, 184
Paulus, Apostel 13, 46, 48
Paulus, *Brief an Titus* 13
Paulus, *Erster Brief an die Korinther* 14
Pelhisson, Guilhem, Inquisitor 41
Peña, Francisco 145
Peru 139
Peter I., König von Aragón 44
Peter II., König von Aragón 58
Peter I., König von Kastilien 62
Peter von Castelnau, päpstlicher Legat 37, 38
Petrus Lombardus 147
Petrus Martyr (Peter von Verona) 33, 81
Petrus Venerabilis, *Gegen die Petrobrusianer* 23, 24, 25, 36
Petrus von Bruis, Prediger 23, 24, 25, 29, 31
Pharisäer 14
Philipp I., König von Kastilien 119

Philipp II., König von Spanien
 121, 125, 139, 141f., 151, 153,
 162
Philipp III., König von Spanien
 154
Philipp V., König von Spanien
 163, 167
Piacenza 30
Piemont 30

Sarmiento, Piero 65
Pisa, Konzil von 23
Pius VIII., Papst 178
Pius X., Papst 181
Porto 130
Portugal 113f., 128, 130ff., 134,
 158, 159
*Practica officii inquisitionis
 (Handbuch des Inquisitors)* 83
Prämonstratenser 36
Protestanten 155, 164, 169, 188
Provence 19, 30
Puerto de Santa María 75
Pulgar, Fernando del, Chronist
 86f.

Raimund VI., Graf von Toulouse
 38
Raimund VII., Graf von Toulouse
 41
Ratzinger, Joseph, Kardinal 181,
 183
Raymond von Miramont, Bischof
 von Toulouse 42
Raymund von Peñafort 59
Rekkared, Westgotenkönig 49f.
Rekkeswinth, Westgotenkönig 50
Robert I., König von Frankreich
 18
Robert von Arbrissel 27
Robert von Molesme 36

Rodríguez, Alonso 69
Rodríguez Lucero, Diego, Inquisitor 82, 88f., 116
Rom 138
Roma 156
Roth, Cecil 110
Roth, Norman 86, 110
Rousseau, Jean-Jacques 165
Rubellin, Michel 29
Ruiz de Aguayo, Fernán 161
Ruiz de Medina, Juan, Jurist 73
Ruiz de Morales, Antón, Inquisitor 74

Sacconi, Ranieri 32ff.
Sadduzäer 14
San Martín, Juan de, Inquisitor
 73, 75
Sánchez Albornoz, Claudio 94
Santarém 131
Santiago de Compostela 57
São Tomé 132
Sardinien 61
Schweizer Eidgenossenschaft 30
Segovia 70, 76
Sevilla 58, 63, 70f., 74f., 86, 92,
 96, 109, 125, 158
Sigüenza 76
Simón López, Erzbischof von
 Valencia 178
Sisibut, Westgotenkönig 50
Sixtus IV., Papst 73-76, 87
Sixtus V., Papst 181
Sizilien 61, 136f., 187
Skandinavien 15
Slavische Länder 15
Solivera, Juan de, Inquisitor 78f.,
 82
Soria 56, 102, 123, 145, 157
Stephan von Bourbon, Dominikaner 27, 31

Süditalien 30
Sueben 49

Talavera, Hernando de, Erzbischof von Granada 116
Tarazona 78
Tarik 51
Tenochtitlán 139
Teruel 56, 77ff., 109
Thomas von Aquin 147
Toledo 49ff., 57, 62, 65, 67, 75, 88, 92, 99, 107, 144, 186
Toranzo, Miguel 177
Torquemada, Tomás de, Großinquisitor 74, 76 – 82, 105, 107, 114, 137, 188
Torreblanca, Pedro de 69
Toulouse 41
Trient, Konzil von 151, 155
Tudela 129, 130

Valdes (Waldo), »Peter« 26, 27, 29, 30, 31
Valdés, Alfonso de, Sekretär Karls V. 122
Valdés, Fernando de, Generalinquisitor 125
Valencia 58, 76f., 80, 88, 117ff., 169, 170, 172, 175, 177
Valladolid 76, 105, 125, 169
Vandalen 49
Venedig 138, 159
Verona, Konzil von 29
Voltaire 165

Waldenser 27 – 31, 37ff., 43, 84
Walter Map 28
Westgoten 49
Wilhelm III., König von England 163
Wyclif, John 44, 143
Yucatán 139

Zamora 63, 114
Zaragoza 76ff., 80f.
Zisterzienser 34, 36ff.
Zurita, Jerónimo 112

203

Editorischer Vermerk

Es konnten leider nicht alle Inhaber von Rechten ermittelt werden. Der Verlag ist bereit, berechtigte Ansprüche angemessen zu vergüten.